LE MYRE DE VILERS

LES INSTITUTIONS CIVILES

DE LA

COCHINCHINE

(1879-1881)

RECUEIL DES PRINCIPAUX DOCUMENTS OFFICIELS

PARIS
ÉMILE-PAUL, ÉDITEUR
100, Rue du Faubourg-Saint-Honoré, 100
Place Beauvau.

1908

LES INSTITUTIONS CIVILES

DE

LA COCHINCHINE

LE MYRE DE VILERS

LES INSTITUTIONS CIVILES

DE LA

COCHINCHINE

(1879-1881)

RECUEIL DES PRINCIPAUX DOCUMENTS OFFICIELS

PARIS
ÉMILE-PAUL, ÉDITEUR
100, Rue du Faubourg-Saint-Honoré, 100
Place Beauvau.

1908

MINISTRES DES COLONIES

Vice-amiral JAURÉGUIBERRY, Marine et Colonies, du 4 février 1879 au 23 septembre 1880;

Vice-amiral CLOUÉ, Marine et Colonies, du 23 septembre 1880 au 14 novembre 1881;

M. ROUVIER, Commerce et Colonies, du 14 novembre 1881 au 30 janvier 1882;

Vice-amiral JAURÉGUIBERRY, Marine et Colonies, du 30 janvier 1882 au 31 janvier 1883.

DIRECTEURS ET SOUS-SECRÉTAIRES D'ÉTAT

M. MICHAUX, directeur jusqu'au 14 novembre 1881;

M. Félix FAURE, sous-secrétaire d'Etat, du 14 novembre 1881 au 30 janvier 1882;

M. BERLET, sous-secrétaire d'Etat, du 30 janvier 1882 au 9 août 1882;

M. DISLÈRE, directeur, du 9 août 1882 au 21 septembre 1883.

TABLE DES MATIÈRES

CHAPITRE PREMIER

CHAPITRE II

CHAPITRE III

CHAPITRE IV

Pages.

CHAPITRE VIII

CHAPITRE IX

CHAPITRE X

Les exposés de motifs des différents décrets ne sont que les paraphrases des propositions du gouverneur.

LES

INSTITUTIONS CIVILES DE LA COCHINCHINE

1879 — 1881

CHAPITRE PREMIER

Instructions du ministre de la Marine et des Colonies au gouverneur de la Cochinchine (mai 1879).

Les institutions de la Cochinchine puisent leur origine dans les instructions du ministre de la Marine et des Colonies, l'amiral Jauréguiberry, au premier gouverneur civil :

« Paris, mai 1879.

« MONSIEUR LE GOUVERNEUR,

« Au moment même où vous allez prendre possession du poste élevé où vous appelle la confiance du gouvernement de la République, je crois devoir vous tracer, à grands traits, le programme que vous aurez à suivre pour réaliser dans l'administration de la Cochinchine les améliorations que j'attends de votre expérience et de votre dévouement.

CONSTITUTION DE LA COLONIE

« Après vingt années d'occupation, cette vaste contrée, placée désormais hors de toute contestation politique par l'exécution loyale du traité de 1874 qui a consacré la cession des trois provinces de Vinh-Long, Chaudoc et Hatien, mise à l'abri des troubles intérieurs par la fermeté d'une administration toute militaire, me paraît préparée à aborder l'étape qui sépare le pays conquis de l'état colonial et le régime exceptionnel du droit commun.

« La nécessité d'une assimilation progressive s'impose donc tout d'abord à vos préoccupations et devra inspirer tous vos actes : l'apaisement des esprits, le respect acquis à notre autorité vous faciliteront cette tâche profitable à la fois au développement de la civilisation et à l'accroissement de la richesse nationale.

« Au point de vue des institutions, la Cochinchine ne possède pas encore d'acte organique qui définisse d'une façon complète son régime gouvernemental et administratif. Un décret du 10 janvier 1867 a déterminé les pouvoirs du gouverneur, et un second décret du 21 août 1869 a étendu à notre colonie certaines dispositions de l'ordonnance du 9 février 1827, concernant le gouvernement des Antilles. Toute sa législation administrative se borne à ces deux actes ; elle a pu suffire aux premières exigences d'un établissement rudimentaire, mais elle ne saurait évidemment répondre aux besoins d'une colonie qui compte plus de 1,500,000 habitants et jouit de recettes budgétaires atteignant normalement 14 millions.

INSTITUTIONS REPRÉSENTATIVES

« Dans l'état actuel des choses, le gouverneur, en Conseil privé, est investi, en matière de budget, de taxes et d'impôts, de tous les pouvoirs qui incombent aux Conseils généraux dans les colonies pourvues de cette institution. Il les exerce sans autre contrôle que celui de mon département et sans autre avis que ceux de fonctionnaires appelés de droit au Conseil et de deux habitants choisis par lui pour y siéger.

« Le moment me paraît venu d'associer sérieusement la population de notre colonie au maniement de ses propres affaires et de l'appeler à participer aux actes du Gouvernement, qui ont pour objet la création et l'emploi de ses ressources, l'administration du domaine public, l'impulsion à donner aux travaux d'utilité générale, aux industries locales et aux relations commerciales extérieures.

« Un premier pas a été fait dans cette voie par l'établissement à Saïgon, en vertu du décret du 8 janvier 1877, d'un Conseil municipal dont voici, en deux mots, l'organisation et les attributions :

« Le Conseil se compose du maire, de deux adjoints et de conseillers municipaux, parmi lesquels huit membres français ou naturalisés, deux membres indigènes, un membre étranger non asiatique, un membre asiatique.

« Les conseillers français ou naturalisés sont élus au suffrage universel et direct, les membres non français sont désignés par arrêté du gouverneur en Conseil privé. Le maire et les adjoints sont nommés par le gouverneur et doivent être pris parmi les membres élus.

. . . .

« Depuis deux années, cette institution fonctionne d'une manière satisfaisante et cette épreuve semble démontrer l'aptitude des habitants à la gestion de leurs intérêts. Je pense que l'on pourrait, avec avantage, élargir le domaine représentatif et étendre à l'ensemble des affaires de la colonie le concours des éléments pris dans la population. Il serait évidemment prématuré d'appliquer à ce pays les principes qui président à la formation des Conseils généraux des autres colonies, lesquels sont exclusivement élus au suffrage universel. La Cochinchine est, en effet, de conquête trop récente pour qu'il soit possible d'y hasarder des institutions de ce genre, et il importe d'abord d'y affirmer, de façon à ne laisser aucun doute dans les esprits, l'idée de nationalité française. D'un autre côté, un régime représentatif limité aux seuls nationaux ou naturalisés, en excluant les indigènes de toute participation aux affaires, ne répondrait pas suffisamment au but d'assimilation que nous avons en vue, ni aux nécessités d'une situation toute spéciale. Je serais donc disposé à adopter un système mixte, celui dont le Conseil municipal fournirait le modèle ; c'est-à-dire que la représentation du pays serait constituée à l'aide du suffrage universel pour les éléments français et par le suffrage restreint pour l'élément indigène (les étrangers asiatiques et européens étant naturellement exclus de cette assemblée). Quant à la proportion entre ces deux éléments, les Français pourraient être appelés à fournir la moitié des membres et l'autre moitié appartiendrait aux indigènes, à raison de six ou huit membres de chaque origine.

« Pour ce qui est de ses relations, ce Conseil, placé sous la présidence du gouverneur, ou plutôt de son délégué, pourrait être investi de la plupart des attributions que le sénatus-consulte du 4 juillet 1866 a conférées à nos colonies. Une seule différence importante me paraîtrait nécessaire en ce qui touche les tarifs de douane et d'octroi de mer, sur lesquels le Conseil colonial de la Cochinchine n'aurait qu'à donner son avis, alors que les autres assemblées en disposent plus ou moins souverainement. Cette réserve me semblerait prudente en présence des contestations dont l'exercice de ces pouvoirs est, en ce moment, l'objet; et bien qu'il n'entre pas dans ma pensée de modifier le régime douanier de la Cochinchine, qui est aujourd'hui celui de la franchise, je jugerais prudent de soustraire à la décision du Conseil une question qui touche d'aussi près aux relations de la colonie avec la France et avec les puissances européennes. Son avis serait cependant demandé, et l'on ne prendrait aucune mesure au sujet de ces tarifs ou droits avant d'avoir consulté et entendu l'intérêt colonial.

« Quelques autres dispositions devraient également être introduites dans la nomenclature des dépenses obligatoires présentées aux délibérations du Conseil; ainsi la Cochinchine, seule de toutes nos colonies, ayant à payer les dépenses du personnel de la Justice et des Cultes qui incombent généralement à l'Etat, il faudrait donner à ces dépenses le caractère obligatoire. Des considérations tirées de la situation politique du pays seraient de nature à motiver également l'inscription sous le même titre des frais relatifs au personnel des Affaires indigènes. Ces exceptions se justifient d'elles-mêmes.

« Moyennant ces réserves, j'ai la confiance qu'un Conseil colonial conçu dans les conditions du projet que je crois devoir soumettre à votre examen vous fournirait un concours précieux, vous aiderait puissamment à connaître les besoins de la population et à les satisfaire dans les meilleures conditions possibles. Je vous prie de vouloir bien me fournir vos appréciations sur ce projet et sur la solution qui vous paraîtra la meilleure à adopter, en vue d'activer, à l'aide d'une institution représentative, le développement matériel et moral d'un pays que nous avons pour tâche d'initier à notre civilisation et d'inciter de plus en plus à la consommation de nos produits.

RÉGIME COMMERCIAL.

« Sous ce dernier rapport, de grands efforts sont à faire. Il résulte, en effet, du mouvement commercial du port de Saïgon que notre pavillon ne prend qu'une part bien modeste aux transactions qui s'opèrent sur ce point, et qu'il s'est laissé complètement distancer par les pavillons étrangers. Cette situation devra appeler toute votre sollicitude; elle tient, je ne l'ignore pas, aux conditions généralement fâcheuses où se trouve placée notre marine marchande et ne procède d'aucune cause locale. Il paraîtrait bien naturel cependant que, dans une colonie française, la prééminence appartînt aux bâtiments nationaux. Notre traité commercial avec Hué consacre, au profit des transactions entre Saïgon et le Tonkin, un régime de faveur qui aurait pu servir de stimulant à notre commerce; il ne semble pas, néanmoins, qu'il en ait tiré un parti utile. Faut-il demander à un système analogue les moyens de stimuler cette regrettable inertie et entrer dans une voie de protection que nous avons renoncé à exercer dans la plupart de nos autres établissements coloniaux? Je ne le pense pas; l'esprit de nos traités de commerce, bien qu'ils ne soient pas de droit strict applicables à la Cochinchine, répugne à l'établissement d'un régime semblable. Je vous serai néanmoins obligé de me faire connaître votre sentiment à cet égard. Sans attendre la solution de cette question, j'avais invité votre prédécesseur, par dépêche du 14 mai dernier, à réduire, sinon à supprimer, d'ores et déjà, une taxe établie par lui sur la sortie des riz, dans des proportions qui constitueraient un désavantage sérieux pour le port de Saïgon, à l'égard des autres centres d'exportation de l'Extrême-Orient, tels que Rangoon et Bangkok.

« Dans le cas où cette mesure n'aurait pas été prise, je vous prie d'y pourvoir, à moins qu'il ne vous soit incontestablement démontré qu'elle porterait une atteinte sérieuse à l'équilibre budgétaire.

BUDGET, CONTRIBUTIONS ET TAXES

(Instructions de détail sur les dépenses, les taxes, les indemnités de vivres, etc., qui n'ont aucun intérêt rétrospectif.)

« D'une manière générale, vous veillerez à ce que les frais de personnel, qui figurent pour la somme exorbitante de 6,312,278 fr. 17 au budget de 1878, 6,680,668 fr. 50 au budget de 1879, soient ramenés à un chiffre plus en rapport avec les besoins de la colonie et l'ensemble des crédits affectés aux dépenses locales. J'estime que des économies sérieuses peuvent être réalisées de ce côté, tout en faisant à un personnel qui sert dans des conditions particulièrement périlleuses une situation en rapport avec les risques qu'il court et les aptitudes qu'il réclame.

« Vous me trouverez, en revanche, tout disposé à accueillir avec faveur toutes les propositions qui auront pour objet de faciliter le développement intellectuel et moral des populations dont l'administration nous est confiée et de hâter leur assimilation avec nous, leurs progrès dans la voie de la civilisation.

INSTRUCTION PUBLIQUE

« Je vous recommande à ce point de vue les prescriptions que j'ai adressées à votre prédécesseur, par dépêche du 18 avril dernier, concernant l'extension à donner à l'instruction publique dans la colonie. Je ne connais pas de sacrifices plus utiles et plus féconds que ceux que la colonie s'imposera pour familiariser les Annamites avec nos idées, notre morale, notre industrie, nos connaissances scientifiques et économiques. Votre prédécesseur s'était, à très juste raison, préoccupé de cette partie de sa tâche, et il avait prévu pour cet objet une augmentation de crédits dont je n'ai pu qu'approuver le principe. La dotation de l'instruction publique, qui figurait pour 460,000 francs au budget local de 1878, avait été portée pour 1879 au chiffre de 523,000 francs, soit 63,000 francs d'augmentation.

« Dans ma pensée, cet accroissement de dépenses doit servir d'abord à élargir les bases de l'enseignement, de manière à permettre de distinguer les jeunes Annamites que leur valeur intellectuelle appellerait à une éducation plus élevée et plus complète, et préparerait à jouer dans la population le rôle d'instituteurs. A cet effet, l'instruction primaire doit être répandue de la façon la plus large et la plus libérale ; elle doit être aussi élevée que possible et, lorsque les aptitudes de l'élève le permettraient, être fortifiée par l'enseignement scientifique que l'on puise dans les écoles spéciales, telles que le collège Chaptal et le collège Turgot, plus particulièrement propres à acheminer les élèves les plus intelligents vers un degré d'instruction scientifique spécial.

« Le collège Chasseloup-Laubat permet déjà de doter de l'enseignement secondaire assez d'enfants des écoles primaires qui se sont fait remarquer par leurs aptitudes. En outre, les meilleurs élèves fournis par cet établissement peuvent être envoyés en France pour compléter leur éducation. Mais ce double mode d'enseignement ne me paraît répondre aux exigences de la situation actuelle ni dans son fonctionnement, ni surtout par le nombre des jeunes gens appelés à en profiter. La base de cette institution doit être élargie et le complément d'études auquel un plus grand nombre d'élèves serait convié doit être donné dans des conditions plus larges, en même temps que plus libérales. On peut, en effet, attendre des résultats très sérieux de la présence momentanée en France de jeunes Annamites qui, après s'être initiés aux bienfaits d'une large instruction, retourneraient dans leur pays, en quelque sorte imprégnés de notre génie national, renseignés sur les causes et les effets de notre civilisation.

TRAVAUX

« Parmi les dépenses de première utilité, figurent également les travaux. Toute votre attention doit se porter sur l'emploi le plus judicieux des crédits affectés à cet important objet. Des dépenses considérables ont été faites pour l'installation du gouvernement et des grands services de la colonie; on a cru nécessaire, au début, de donner à notre occupation dans cette portion de l'Extrême-Orient le prestige du luxe et l'apparence extérieure propres à accuser nettement notre intention de former, dans ce pays, un établissement important et définitif. Le but qu'on se proposait est atteint, et le moment est enfin venu d'affirmer notre souveraineté par des créations d'utilité générale, prouvant aux Annamites que nous voulons surtout être leurs bienfaiteurs.

« A ce point de vue, le maintien en bon état des nombreux canaux naturels qui sillonnent la basse Cochinchine, la création de routes, la construction de ponts, les études de voies ferrées, la fondation d'hôpitaux et d'écoles doivent être les objets de ces préoccupations.

« Il convient aussi que les installations des casernes, des postes, des bâtiments de toute nature destinés au personnel militaire et civil répondent aux exigences d'un climat meurtrier, satisfassent plutôt aux conditions hygiéniques qu'au désir de briller par une apparence extérieure; il en sera de même, à plus forte raison, pour les bâtiments affectés aux hôpitaux, pour ceux destinés au service de l'enseignement.

SERVICES POSTAUX

« Enfin, vous aurez à améliorer sans cesse les moyens de communications des principaux centres de population entre eux et avec le chef-lieu, de manière à rendre facile et économique le transport des produits. La colonie consacre la subvention considérable de 666,000 fr. (dont 170,000 au compte de l'Etat) à un service à vapeur qui dessert hebdomadairement Saïgon, Mytho, Vinh-Long, Sadic, Chaudoc et Pnom-Penh, et *vice versa*, et bimensuellement Saïgon, Mytho, Bentré, Mocaï, Vinh-Long, Tra-Vinh, Long-Xuyen, Bactrang et Soctrang, avec retour à Vinh-Long et Mytho. C'est là assurément une dépense bien placée en principe, mais il s'agit de savoir si, tel qu'il est établi, ce service correspond bien complètement à son but, qui doit être de faciliter les relations écrites, le mouvement des passagers et au besoin l'échange des denrées. Il ne faudrait pas qu'une opération qui impose des charges aussi lourdes aux contribuables servît uniquement aux communications postales, au ravitaillement des postes et aux mutations du personnel civil et militaire. Le commerce local doit pouvoir en faire un emploi aussi large que possible pour des besoins de locomotion et de transport. Vous voudrez bien me faire part de vos appréciations à ce sujet.

TÉLÉGRAPHE

« La colonie est également dotée d'un réseau télégraphique très important, qui se chiffre par 2,111 mètres de fils et 18 câbles sous-fluviaux, desservant 27 bureaux, dont 25 en Cochinchine et 2 au Cambodge. Ce service établi avec soin, dirigé d'une façon intelligente, est ouvert aux correspondances privées ; il permet au gouverneur de rayonner sur l'ensemble de la colonie et d'être renseigné immédiatement sur les faits graves qui se produiraient sur tous les points par nous occupés. Vous voudrez bien examiner les améliorations dont ce service pourrait encore être susceptible, tant au point de vue de son développement qu'au point de vue de son exploitation.

DIRECTION DE L'INTÉRIEUR

« La direction de l'Intérieur centralise toutes les attributions de l'administration locale en ce qui concerne les affaires européennes et les affaires indigènes. Elle fait l'office des préfectures en France et c'est d'elle que relèvent les questions départementales et municipales, l'établissement du budget local, les régies financières, l'instruction publique, la police, le service des travaux, des routes, les postes et télégraphes ; elle centralise le service des inspecteurs et administrateurs des affaires indigènes dans les arrondissements.

« Comme service administratif central, son organisation repose sur un simple arrêté local du 9 novembre 1864 qui a divisé les directions en trois bureaux principaux et établi les hiérarchies suivantes :

directeur de l'Intérieur, secrétaire général, chefs de bureau, sous-chefs de bureau, premiers commis (d'une seule classe), secrétaires de 1re et de 2e classe. Cette organisation, qui comporte en outre des secrétaires auxiliaires de 1re et de 2e classe, ne répond, en ce qui concerne les emplois inférieurs à celui de sous-chef, à celle d'aucune des administrations similaires qui fonctionnent dans nos colonies.

« Cette anomalie, qui peut se justifier en partie par les nécessités spéciales du service de la Cochinchine, n'est pas sans offrir de graves inconvénients en ce qui concerne les assimilations à appliquer au personnel en cas de retraite. Dans l'état, les fonctionnaires ou agents titulaires de la direction de l'Intérieur, jusqu'au grade de commis inclusivement, qui auraient à faire valoir leurs droits à une pension se verraient appliquer, et encore par voie d'extension bienveillante, les fixations inscrites dans le décret du 23 décembre 1857, au sujet des directions de l'Intérieur des autres colonies, fixations qui ne répondent pas au taux du traitement qui leur est alloué en Cochinchine. Quant aux secrétaires titulaires ou auxiliaires, ils ne figurent sur aucune classification, et j'ajoute que leur traitement colonial se complique d'indemnités de vivres et de logement qui me paraissent, au moins pour les premiers, devoir être confondues dans la solde : le traitement d'Europe devant être relevé de manière à rendre plus facile un bon recrutement de ces emplois.

« Cette situation a maintes fois préoccupé mon département, et le 4 décembre 1874, l'un de vos prédécesseurs avait été invité à étudier la question d'une organisation plus normale de cette direction. Néanmoins, sur les instances de l'administration locale, cette constitution a été maintenue, mais à titre provisoire. Je désire que cette étude soit reprise, sans autre préoccupation d'ailleurs, en ce qui touche les assimilations avec le commissariat, que celles qui touchent à la question de retraite, la solde devant demeurer indépendante de celle de ce corps, laquelle est déterminée par la loi de finances.

AFFAIRES INDIGÈNES

« Le service des affaires indigènes, spécialement chargé de l'administration des provinces et arrondissements de Cochinchine, a été constitué par les décrets des 10 février 1873 et 2 juin 1876. Il comporte quatre grades, savoir : inspecteur, administrateurs de 1re, de 2e, de 3e classe. Il est alimenté par un collège dit des stagiaires, dont le siège est à Saïgon et où l'on enseigne l'annamite, le cambodgien, le code annamite, l'économie politique, etc., etc. D'après le premier des actes susvisés, les administrateurs avaient des attributions distinctes suivant leur classe, et la séparation des fonctions était établie de manière que celui à qui incombait le soin d'établir les tarifs de l'impôt ne fût pas chargé de le percevoir. Ils relevaient chacun du chef d'administration d'où ressortissaient les affaires qui leur étaient confiées : ceux de 1re classe, du procureur général ; ceux de 2e classe, du directeur de l'Intérieur ; ceux de 3e classe, du trésorier-payeur.

« Cette répartition des affaires, qui semble bonne en principe, n'ayant pas paru aux gouverneurs conciliable avec les exigences du service, le décret de 1876, rendu sur les instances de l'administration locale, a rétabli la hiérarchie étroite entre les administrateurs et fait cesser l'affectation de chacun d'eux à tel service, suivant la classe. Je désire savoir de vous si ce fonctionnement répond toujours aux besoins actuels et s'il ne serait pas possible de faire entrer davantage l'administration des arrondissements dans les règles générales de la séparation des pouvoirs.

« Cette question touche à l'institution même de ce service qui ne saurait être considéré, selon moi, que comme un organe de transition, la tendance que nous devons accuser en Cochinchine devant être de confier peu à peu l'administration à des administrateurs, la justice à des magistrats, les fonctions financières à des agents du Trésor, responsables de leur gestion et fournissant un cautionnement.

« Malheureusement, ce but n'est pas prochain encore ; il y a donc lieu de se préoccuper de tirer le meilleur parti possible de l'institution actuelle. A ce point de vue, une question très sérieuse a été posée par votre prédécesseur, celle de la translation à Paris du collège des stagiaires. M. le contre-amiral Lafont se montre favorable à cette mesure, où il voit, pour les élèves de l'école, l'avantage de suivre leurs études sans être exposés aux rigueurs du climat. Je me demande, de mon côté, s'il est possible d'apprendre facilement l'annamite parlé en dehors du milieu où cette langue est en usage, et si le projet n'occasionnerait pas des dépenses beaucoup plus considérables que celles auxquelles donne lieu l'organisation actuelle. Le collège ne devant se rouvrir qu'au 1er janvier prochain, vous avez tout le temps nécessaire pour étudier la question ; il suffira que je sois renseigné sur vos vues en temps opportun pour pourvoir à la nomination des élèves, et, s'il y a lieu, à leur envoi en Cochinchine.

CAISSE DE PRÉVOYANCE

« Le décret du 10 février 1873 a inauguré en Cochinchine une institution toute nouvelle, celle d'une Caisse de prévoyance fonctionnant en dehors de la Caisse des retraites, à l'aide d'un versement annuel effectué par le budget local au profit des fonctionnaires intéressés. Les inspecteurs et administrateurs ont d'abord été seuls à profiter de cette libéralité, consacrée à nouveau par le décret de 1876 et étendue par un second décret du 4 juillet 1876 à la majeure partie des fonctionnaires et agents du service local, à l'exception toutefois des secrétaires titulaires et auxiliaires du personnel qui leur est adjoint.

« Ce dernier acte a été, de la part de l'administration locale, l'objet de diverses critiques; elle s'est plainte notamment de ce que le bénéfice de cette caisse ne fût pas acquis à tout le personnel sans exception, et qu'enfin le principe de la rétroactivité, consacré dans une certaine mesure en faveur du personnel des affaires indigènes, ne fût pas étendu à tous ceux qui sont appelés à bénéficier de cette institution. Vous voudrez bien vous faire représenter la correspondance échangée à ce sujet entre mon département et vos prédécesseurs. Je suis disposé à donner à cette utile institution toute l'extension possible, étant donnés les dangers particuliers que court le personnel qui se consacre exclusivement à son service; mais je tiens à ce qu'on ne sorte pas du principe même de l'institution, qui repose sur un versement effectué au compte individuel de chaque participant. »

. . . .

CIRCULATION MONÉTAIRE

ÉTABLISSEMENT DU BUDGET EN PIASTRES

DÉTAILS SUR L'ORGANISATION DU SERVICE : LA RECETTE SPÉCIALE, LE FONCTIONNEMENT DE LA BANQUE DE L'INDO-CHINE

RELATIONS AVEC LA COUR DE HUÉ

QUESTION DU TONKIN

CONSIDÉRATIONS GÉNÉRALES, BUT A POURSUIVRE, PROTECTION DES EUROPÉENS : MESURES MILITAIRES ET MARITIMES

(Cette partie des instructions n'a plus qu'un intérêt historique.)

QUESTION DU CAMBODGE

Un seul point mérite d'être retenu dans ces instructions de 1879.

« Le traité projeté entre le gouvernement cambodgien et une autre puissance soulèverait une question grave », dit le ministre, « celle de nos droits exclusifs de navigation sur le Mé-Kong, depuis la frontière du Cambodge jusqu'à la mer. Nous pouvons admettre que le roi Norodom ouvre le port de Kampot, dans le golfe du Siam, au commerce de toutes les nations et qu'il accorde toutes facilités aux Européens qui veulent trafiquer dans le haut Mé-Kong, ainsi qu'aux marchandises étrangères en transit à Saïgon, à destination du Cambodge, mais nous ne saurions aller au delà.

« Telles sont, Monsieur le Gouverneur, les questions principales sur lesquelles j'ai cru devoir appeler votre attention. Vous le voyez, le gouvernement qui vous est confié comporte l'étude des affaires les plus graves et exige tout le dévouement et toute la sagacité que le Gouvernement se plaît à reconnaître en vous. Je verrai avec plaisir que vous preniez beaucoup d'initiative et que vous usiez largement des moyens d'action dont vous disposez pour développer les institutions locales et pourvoir aux améliorations jugées réalisables. Secondé par le Conseil représentatif, dont l'institution doit être prochaine, vous marcherez sûrement dans la voie du développement national de cette colonie.

« En ce qui touche la politique générale, et partant la politique extérieure, vous ne devrez prendre aucune mesure grave sans en référer à mon département, mon intention étant d'assumer sur ce terrain toute la responsabilité de la situation.

« J'ai la confiance que vous justifierez, par votre intelligente attitude, le choix dont vous honore le gouvernement de la République.

« Veuillez, etc.....

« *Le Vice-Amiral, Ministre de la Marine et des Colonies,*

« JAURÉGUIBERRY. »

Ces instructions soulevaient une question préjudicielle d'une extrême gravité : l'assimilation complète.

Pouvions-nous modifier, du jour au lendemain, la mentalité des

Annamites, les transformer de collectivistes oligarchiques en individualistes, les faire profiter sans transition des libertés et des bienfaits de notre civilisation?

Responsable de la sécurité de la colonie, le gouverneur estima dangereux de s'engager à la légère dans une pareille entreprise et demanda à conserver provisoirement ce qui restait encore des institutions indigènes, bien qu'elles eussent été déformées par un défaut de contrôle du gouvernement central.

Ses propositions furent agréées par le département.

CHAPITRE II

Rapport d'ensemble du gouverneur de la Cochinchine au ministre de la Marine et des Colonies (14 juillet 1880).

Deux années furent consacrées à l'étude, à la préparation et à la discussion des projets de décret, et à la rédaction d'un code pénal. Jusqu'à cette époque, les condamnations de crimes et délits étaient prononcées selon l'appréciation du juge, sans aucun texte pour le guider.

Voici le rapport d'ensemble adressé au département par le gouverneur, à l'appui de ses propositions :

« Saïgon, le 14 juillet 1880.

« Monsieur le Ministre,

« Aux termes du décret du 7 novembre 1879 (art. 2, § 2), les fonctions de ministère public près les tribunaux indigènes doivent être exercées, sous la surveillance du premier administrateur, par un administrateur ou un agent de l'inspection, désigné par le gouverneur. Cependant, dans vos instructions du 21 avril 1880, sur les pouvoirs de la Cour de Saïgon en matière indigène, vous me faites l'honneur de me dire que vous ne sauriez admettre que le fonctionnaire chargé du ministère public dans les arrondissements soit placé sous l'autorité du premier administrateur; que, par cela même qu'il est un substitut du procureur général, il doit être aussi indépendant de l'Administration que les parquets de la métropole le sont des préfets.

« Je n'ai pas à contredire à cette doctrine; elle est trop sage. La séparation des pouvoirs me paraît devoir être complète; mais le régime de la colonie tel que l'ont établi les précédents décrets et la nécessité inéluctable d'assurer notre domination ne nous permettent pas d'arriver au résultat que nous recherchons sans opérer une transformation radicale de notre administration des affaires indigènes.

« Je ne me dissimule pas l'importance de ce travail, et vous comprendrez que j'aie longtemps hésité à le produire; car il ne s'agit pas seulement de traiter des questions de principe, il faut encore descendre dans les moindres détails du gouvernement d'un pays peuplé de 2 millions d'âmes, régler tous les services, tenir compte des droits acquis, préparer et prévoir l'avenir, tout en assurant la marche journalière de l'administration.

« J'aurais désiré vous présenter moi-même les différents projets que j'ai préparés. Les nécessités du service ne me permettant pas de quitter la colonie en ce moment, sans compromettre les résultats déjà acquis, je me décide à vous adresser mes propositions, pour lesquelles je réclame toute votre indulgence.

« Avant de vous exposer mes vues, il me paraît nécessaire de remonter dans le passé : nous y retrouverons l'origine des institutions actuelles et l'explication des contradictions qu'elles contiennent.

« M. de Chasseloup-Laubat, ministre de la Marine, et l'amiral Bonnard, qui présidèrent à la première organisation de la Cochinchine, s'inspirèrent des doctrines adoptées par les Anglais dans leurs colonies de domination; ils voulurent conserver l'administration et la justice entre les mains des indigènes, sous la haute autorité d'un résident.

« L'amiral de la Grandière inaugura une autre politique; redoutant la vénalité des lettrés, dont les plus honnêtes s'étaient réfugiés à Hué, obligé de satisfaire aux nécessités du jour, il substitua peu à peu les Européens au personnel annamite. Pendant que la France s'imaginait n'avoir qu'une colonie de domination, nous intervenions dans les moindres détails de l'administration. Les décrets rendus par le chef du pouvoir exécutif étaient, particulièrement en ce qui touche la justice, exécutés à Saïgon dans un esprit diamétralement opposé à celui qui avait présidé à leur rédaction. Nous sommes ainsi arrivés à une confusion fâcheuse qu'il eût été nécessaire de faire cesser, quand bien même le gouvernement de la République ne se serait pas décidé à prononcer la séparation des pouvoirs.

« Je n'examinerai pas si le programme de l'amiral Bonnard était le meilleur. Evidemment, il présentait de grands avantages : il permettait à la France de tenir une vaste colonie avec un personnel restreint; nous n'avions besoin que d'un corps d'occupation et de quelques résidents; nous restions maîtres de notre conduite. Etait-il possible, dans un pays de communalisme et de fonctionnarisme, d'appliquer les mêmes théories gouvernementales que dans des contrées soumises à la féodalité depuis des siècles, comme l'Inde et Java?

« Notre génie national nous permettait-il une pareille entreprise? Il est permis d'en douter. En France, l'initiative individuelle n'existe pas : chaque citoyen n'est qu'un élément d'une vaste machine fonctionnant sous l'impulsion de forces vives produites par des passions remontant à plusieurs siècles. Plus nous allons, plus cet état de choses s'accentue, plus il devient difficile de rencontrer des personnalités ayant des idées leur appartenant en propre, ne se laissant pas absorber par le milieu où elles sont nées, où elles ont vécu, où elles ont travaillé. Dans ces conditions, il était à peu près impossible d'appliquer le programme ministériel; nous devions être entraînés, dès la première difficulté, à rentrer dans le càdre des institutions métropolitaines, identiques, quant à la forme, sur beaucoup de points, à celles de l'Annam, en nous contentant de substituer l'Européen à l'indigène dans tous les emplois. Pour éviter cet écueil, il eût fallu à la tête de la colonie un gouverneur qui possédât de profondes connaissances en législation, en administration, en économie politique, et qui, bravant les périls d'un climat meurtrier, consentît à consacrer sa vie à cette œuvre d'organisation. Malheureusement, les différents amiraux, presque tous hommes de grand mérite, n'étaient pas préparés à ces fonctions; pour eux, la conquête fut le seul objectif et ils ne cherchaient pas à fonder des institutions, il leur suffisait d'assurer la sécurité; ils quittaient la colonie au moment même où ils commençaient à en connaître les besoins.

« L'amiral de la Grandière, dont le nom restera populaire, car c'est à lui que la France doit d'avoir conservé une des plus belles colonies du monde, ne put pas réagir contre ces tendances; forcé de remédier aux désordres de toute nature qui se produisaient jusque dans les rangs de l'armée, il eut recours à une centralisation excessive et absolue de tous les pouvoirs entre ses mains et celles de ses collaborateurs de la marine, auxquels il accordait une confiance justifiée.

« Les successeurs suivirent la même voie et accentuèrent encore l'ingérence administrative européenne chez les indigènes.

« Quant au ministère, il ne s'écartait pas de son programme; les décrets du 25 juillet 1864, du 10 février 1873, du 2 juin 1876 sont inspirés par les mêmes principes. Pour remplacer les officiers de la marine, on crée des résidents que l'on traite avec une libéralité inconnue en France et auxquels on demande non l'instruction professionnelle nécessaire à l'employé, mais les connaissances générales qui permettent de diriger de haut et de loin des chefs de service. L'administrateur doit connaître deux langues asiatiques et trois écritures; il remplit successivement en sous-ordre les fonctions de magistrat, de commandant des troupes, de payeur, de contrôleur des contributions. Alors seulement, au bout de six ou sept ans, il est nommé à la première classe et chargé d'un district où il représente le gouverneur.

« Dans la pratique, l'administrateur n'est qu'un agent d'exécution qui ignore absolument les règlements et les principes des services qui lui sont confiés; il rend la justice et ne connaît ni le droit français, ni le droit annamite; étranger à la discipline militaire, on lui confie le commandement des troupes indigènes appelées à marcher à l'ennemi; il n'a jamais appris les règles de la comptabilité et il est chargé de la perception et de la gestion d'une caisse qui comprend tous les services; ingénieur et architecte dans un pays où les travaux présentent des difficultés exceptionnelles, il ne sait dresser ni un plan, ni un devis; enfin, fréquemment, il ne parle pas la langue de ses administrés et est obligé d'avoir recours à des interprètes pour la moindre communication.

« On se demande avec surprise comment nous avons pu, dans de semblables conditions, maintenir notre domination et éviter de graves désordres financiers; il faut vraiment que les Annamites soient faciles à gouverner et nos agents doués d'une probité exceptionnelle.

« Le sol de la colonie est si fertile, les marchés d'exportation si étendus, qu'il a suffi d'assurer la sécurité pour doubler en dix ans les revenus publics. Mais les difficultés s'accroissent encore plus vite que les recettes; la distribution de la justice laissait particulièrement à désirer.

« Reviendrons-nous en arrière, reconstituerons-nous la juridiction et l'administration annamites? Cela n'est pas possible; les hommes font défaut, nous ne disposons que de lettrés ignorants dont la vénalité dépasse toutes les bornes et compromet le respect dû à notre souveraineté. En fût-il autrement, nous n'oserions pas proposer de reprendre le programme de M. de Chasseloup-Laubat.

Depuis seize ans, nos sujets se sont peu à peu habitués à notre administration; rétablir l'ancienne législation annamite serait pour eux une innovation. Nous sommes obligés de persévérer dans la voie où nous nous sommes engagés par inadvertance, d'organiser une administration complète, pénétrant dans tous les détails de contrôle et d'exécution. C'est à peine si nous pourrons respecter les institutions municipales si fortement constituées dans ce pays. Tout ce que nous pourrons faire sera d'associer les indigènes à notre œuvre.

« En France, la base essentielle de notre régime politique et administratif est la séparation des pouvoirs : l'administration, la justice, le commandement des troupes ne sont jamais dans les mêmes mains; l'assiette de l'impôt et sa perception sont confiées à deux agents; il en est de même du mandatement et du paiement.

« C'est cette division d'attributions qui fait la force de l'administration française, assure un contrôle permanent et latent des services les uns par les autres, et garantit la moralité des agents contre les entraînements toujours à redouter quand un employé peut avoir des besoins supérieurs à ses appointements. Tout s'enchaîne dans cette organisation, et quand on enlève un rouage, la machine s'arrête ou s'affole.

« Si nous adoptions les mêmes principes, nous serions amenés à séparer les pouvoirs et à constituer :

« L'administration proprement dite;

« Le service judiciaire;

« Le service de la perception.

« Nous ne parlons que pour mémoire du commandement des troupes, le décret du 3 décembre 1879 ayant constitué le régiment de tirailleurs annamites, sous les ordres de l'autorité militaire; de même des travaux publics, placés sous la direction d'un ingénieur en chef des ponts et chaussées.

« La séparation des pouvoirs judiciaire et administratif s'impose; les juges et les justiciables sont d'accord pour la réclamer; l'expérience faite depuis trois mois promet les meilleurs résultats.

« Il en est de même de la perception; nos administrateurs sont les premiers à reconnaître qu'ils ne possèdent pas les connaissances professionnelles et spéciales qui leur seraient nécessaires pour remplir les fonctions de comptable.

« Nous ne nous dissimulons pas que ces transformations, ces créations, ces réformes entraîneront des dépenses; mais nous avons la conviction qu'elles seront couvertes par l'accroissement du produit de l'impôt. D'ailleurs, nous ne saurions nous dispenser de donner à la colonie les institutions qui lui manquent; plus nous ajournerons la solution, plus les difficultés augmenteront, plus la tâche deviendra difficile.

ORGANISATION JUDICIAIRE

« La base du projet est la séparation complète des pouvoirs judiciaire et administratif. Le Conseil privé, auquel j'avais adjoint trois magistrats : le président de la chambre indigène, le procureur de la République et M. Silvestre, ancien chef de la justice indigène, a reconnu d'un commun accord la nécessité d'admettre ce principe de la manière la plus étroite; il a pensé, et je partage entièrement son opinion, que dans un pays de civilisation inférieure et corrompue, où l'Européen se laisse facilement absorber par le milieu où il vit, — presque tous nos fonctionnaires habitent avec des concubines annamites, — il était indispensable, dans l'intérêt de la magistrature et du respect de la chose jugée, que le magistrat ne participât en rien à une administration obligée, dans bien des circonstances, de revêtir la forme asiatique.

« C'est la même considération qui nous a conduits, le Conseil privé et moi, à ne pas multiplier le nombre des tribunaux en leur donnant une composition incomplète. Il faut que les magistrats se soutiennent les uns les autres et exercent entre eux une sorte de discipline morale dont l'effet se répercutera sur le personnel administratif tout entier. Un juge et un lieutenant de juge, abandonnés au pays indigène, ne tarderaient pas à perdre l'esprit juridique de nos lois et se laisseraient aller à des compromissions plus dangereuses encore pour leur caractère que pour les justiciables.

« Cette réforme, tout indispensable qu'elle soit, n'est cependant acceptable qu'à la condition expresse de ne pas désarmer le pouvoir exécutif. L'exemple de l'Algérie est là pour prouver qu'une assimilation trop rapide et trop complète à la législation française est de nature à créer les plus graves embarras et retarde le progrès au lieu de l'accélérer. L'article 6 du décret du 29 août 1874, relatif à l'organisation judiciaire de la Kabylie, depuis appliqué dans toutes les communes mixtes du Tell, est la cause principale de l'insécurité dont souffre l'Algérie. Avant la promulgation de cet acte regrettable, qui confie aux juges de paix la répression des délits, contraventions et infractions à l'indigénat, l'Européen pouvait parcourir tout le territoire sans qu'il fût pris un sol dans sa bourse, sans qu'il fût touché à un cheveu de sa tête. Aujourd'hui, les crimes et délits contre les personnes se sont multipliés dans une telle proportion que le gouverneur général est obligé de proposer des mesures d'exception.

« Nous devons profiter des leçons de l'expérience pour ne pas commettre la même faute, et ne point attendre que la piraterie ait reparu pour en assurer la répression. Le Conseil a été unanime à demander que les administrateurs conservassent des pouvoirs disciplinaires, sauf à restreindre au strict nécessaire la durée des peines et le montant des amendes.

« *A cette condition seule, la séparation des pouvoirs est possible.*

« Quelques membres avaient proposé que le tribunal correctionnel connût en appel des peines disciplinaires prononcées par les administrateurs, mais ils se sont rangés, après discussion, à l'avis de la majorité. Nous avons estimé qu'il ne fallait pas faire intervenir les magistrats dans des décisions qui ne présentent aucun caractère juridique; que l'Administration, dans l'intérêt même des administrés, devait conserver l'entière responsabilité de ses actes, ce qui n'aurait plus lieu si les tribunaux venaient confirmer ou infirmer les décisions; que c'était au directeur de l'Intérieur et au chef de la colonie qu'il appartenait de recevoir la réclamation et de statuer en dernier ressort.

« Un décret spécial sur cette matière vous sera soumis; permettez-moi d'insister pour qu'il ne soit pas disjoint de celui sur l'organisation judiciaire dont il est le complément indispensable.

« Comme vous le savez, Monsieur le Ministre, en droit annamite les affaires de grand criminel sont soumises à deux juridictions. J'ai pensé, et le Conseil partage mon avis, qu'il y avait lieu de revenir à la loi française.

« La société civile ne cherche pas, comme sous le régime théocratique, à punir le coupable qui a transgressé les lois divines et humaines; elle use d'un droit de légitime défense et apprécie les crimes au préjudice qu'ils lui portent. Son verdict perdrait toute autorité s'il pouvait être discuté, si l'accusé, déclaré innocent par un tribunal inférieur, était condamné, parfois à la peine capitale, par un tribunal supérieur. C'est au législateur à donner à l'accusé toutes les garanties de la défense et à lui assurer l'impartialité des juges.

« Les assises seront présidées par un conseiller à la Cour de

Saïgon ; les juges et les assesseurs seront pris dans le ressort dont l'étendue sera fixée par le gouverneur, en Conseil privé, sur la proposition du procureur général.

« Les moyens de communication intérieure dont nous disposerons au 1er janvier 1882 nous permettront d'assurer le transport des magistrats, des défenseurs et des témoins, sans exagération de dépense.

« J'ai prévu l'unité de recrutement des magistrats ; je crois nécessaire que tous appartiennent au cadre colonial ; c'est le seul moyen d'infuser dans le corps un sang nouveau et d'éviter que, peu à peu, nos magistrats ne se laissent influencer, surtout à l'intérieur, par le milieu dans lequel ils sont appelés à vivre.

« Comme, d'un autre côté, il est indispensable que les magistrats chargés de distribuer la justice aux indigènes ne soient pas à la merci des lettrés, trop souvent d'une vénalité révoltante, ils seront tenus de justifier de la connaissance de la langue annamite. Pouvant concourir à la fois pour tous les emplois de la magistrature coloniale et pour les fonctions spéciales de la Cochinchine, ils auront des chances exceptionnelles d'avancement, ce qui constituera pour eux un puissant encouragement.

« En l'état actuel, les cadres ne sont jamais au complet ; il est bien rare que la moitié du personnel soit présente en Cochinchine : les uns sont en congé de convalescence, les autres en mutation de résidence, et les déplacements entraînent parfois plusieurs mois de voyage, jamais moins de deux. Cette disposition est des plus regrettables. Pour y remédier, j'ai prévu un nombre de titulaires supérieur au nombre des fonctions à remplir (50 pour 40 emplois). J'ai attaché des magistrats supplémentaires : conseillers auditeurs, juges suppléants, ainsi que des stagiaires au parquet du procureur général. Si la chancellerie faisait quelque opposition à ces propositions, si elle exigeait que les magistrats fussent nommés par décret à un poste déterminé, il suffirait de les désigner pour les tribunaux d'arrondissement.

« Dans un pays comme la Cochinchine, où tout est à apprendre et parfois à découvrir, un gouvernement a grand intérêt à ce que les fonctionnaires passent plusieurs années dans la colonie. C'est le seul moyen de créer la tradition et d'assurer la régularité des services. La plupart des agents métropolitains ou du cadre colonial, à peine débarqués, songent déjà au départ, et vous comprendrez, Monsieur le Ministre, que, dans ces conditions, le progrès est bien difficile à réaliser.

« Les magistrats n'échappent pas à cette règle presque générale; pour les fixer dans la colonie, je les ai compris au nombre des fonctionnaires qui, après un minimum de six années de présence, auront droit à la liquidation d'un compte de prévoyance représentant 20 p. 100 de leurs appointements annuels. — Un conseiller à la Cour, aux appointements de 12,000 francs, aurait droit, au bout de six années, à 14,400 francs; pour douze années, à 28,800 francs. — Un rapport spécial développera l'économie de ce projet.

« Il ne nous a pas été possible de régler la procédure et les offices ministériels. Notre ignorance des mœurs, des coutumes, des besoins des populations indigènes est telle que nous risquerions fort de nous tromper et de commettre quelque erreur, si nous faisions actuellement des propositions; il faut laisser au temps et à l'expérience le soin de nous indiquer jusqu'où nous pouvons aller dans la voie de l'assimilation.

« Dans votre dépêche du 21 avril 1880, vous m'avez recommandé d'étendre l'organisation des huissiers et des interprètes judiciaires. Là encore, je suis impuissant, les hommes font défaut, et ce sera par des mesures de détail que je pourrai satisfaire aux besoins de la justice. En voulant aller trop vite dans la voie de la réglementation, j'engagerais le Gouvernement dans des difficultés inextricables, ou je l'exposerais à rendre des décrets qui resteraient à l'état de lettre morte.

« Actuellement, dix-neuf administrateurs remplissent les fonctions de magistrat indigène, et il faut ajouter à ce nombre quatre administrateurs membres du tribunal supérieur, six en congé ou à l'hôpital, soit un total de vingt-neuf agents qui sont à la veille d'être privés de leur emploi. S'ils étaient remis à la disposition de la direction de l'Intérieur, leur traitement entraînerait une dépense de 350,000 à 400,000 francs. Je propose de faire entrer, à titre définitif, dans la magistrature douze ou quinze d'entre eux qui sont licenciés en droit et d'attacher aux tribunaux, à titre provisoire, jusqu'à ce qu'il soit possible de leur trouver un autre emploi, dix administrateurs non pourvus du diplôme de licencié. Cette mesure s'impose du reste par la nécessité de ne pas interrompre le cours régulier de la justice. Il nous serait, en effet, difficile d'en assurer immédiatement la distribution avec des magistrats venus de France et des colonies, ignorant la langue, les mœurs et coutumes des Annamites. Une transformation aussi subite nous exposerait à de véritables périls.

« Vous remarquerez, Monsieur le Ministre, que nous n'avons pas prévu de justices de paix, sauf à Saïgon; nous avons pensé qu'au civil, il n'y avait pas lieu, quant à présent, d'intervenir dans les tribunaux de conciliation (maires, notables, chefs de canton) qui existent dans l'Annam depuis un temps immémorial, et que les contraventions de simple police constituaient presque toutes des fautes contre l'indigénat, que l'Administration est chargée de réprimer.

POUVOIRS DISCIPLINAIRES

« Ainsi que j'ai eu l'honneur de l'exposer en traitant de l'organisation de la justice, il nous paraît indispensable, si nous voulons opérer la séparation complète des pouvoirs judiciaire et administratif, sans compromettre notre domination et la sécurité, de donner à nos chefs d'arrondissement des pouvoirs disciplinaires. La constitution politique en Annam n'est que l'image agrandie de la famille asiatique; le chef de circonscription a le droit de punir ses administrés comme le père de famille ses enfants; en le lui retirant, car il le possède actuellement, nous le diminuerions et il ne lui serait plus possible d'assurer le service de police qui repose sur la population entière, appelée sans exception, en vertu d'usages séculaires, à monter les gardes de nuit à la maison commune, à faire des rondes dans les arroyos, à répondre au premier appel du maire, à assurer la correspondance, etc., etc. Il nous faudrait transformer toute notre organisation provinciale et communale.

« D'un autre côté, j'estime, et j'ai pour corroborer mon opinion celle de M. le Gouverneur général de l'Algérie, que dans un pays qui n'a pas encore accepté notre civilisation, où il n'existe pas de citoyens, mais des sujets, le représentant du pouvoir exécutif doit toujours être en mesure de faire exécuter ses ordres. Quand, pour la moindre infraction aux règlements de police, il est obligé d'avoir recours à un magistrat qui rend la justice à son heure, il ne tarde pas à perdre tout prestige et par conséquent toute autorité sur le peuple conquis.

« Je dois ajouter que le magistrat et l'administrateur vivent rarement en bonne intelligence; livrés à leurs propres ressources, dans des postes éloignés, privés de distractions, ils deviennent d'une susceptibilité extrême, et le moindre incident les blesse et les surexcite. Ces dispositions ont été si fréquentes, qu'étant directeur général des affaires civiles de l'Algérie, j'avais dû, de concert avec le procureur général, rédiger une circulaire pour prévenir nos subordonnés respectifs qu'en cas de conflit, ils seraient immédiatement suspendus de leurs fonctions.

« Du reste, Monsieur le Ministre, la suppression des pouvoirs disciplinaires des administrateurs entraînerait une mesure analogue pour les chefs de canton, notables, maires, etc.; nous serions ainsi conduits, pour assurer l'exécution des services publics, très compliqués en Cochinchine, à créer 250 à 300 justices de paix. L'énonciation seule de ces nombres suffit pour justifier ma proposition.

« Mais, si je considère comme indispensable de ne pas désarmer nos agents, je crois en même temps qu'il est nécessaire d'entourer le droit de punir de toutes les garanties et de réduire la peine au strict nécessaire. Nos agents sont jeunes, quelques-uns sont ardents; sans un contrôle incessant, ils se laisseraient entraîner à des actes arbitraires; une fois engagés dans cette voie, ils ne s'arrêteraient plus et nous aurions à réprimer de graves abus d'autorité.

« L'article 2 prescrit au gouverneur de déterminer, par un arrêté pris en Conseil privé, les contraventions et infractions susceptibles d'être punies disciplinairement. Nous éviterons ainsi que les administrateurs transforment en infractions des manquements à leurs caprices. Je n'ai pas cru devoir comprendre dans le corps du décret une nomenclature essentiellement variable suivant les arrondissements. Cette disposition est du reste empruntée à la loi du 29 août 1874, article 17.

« J'ai eu l'honneur de vous exposer précédemment les considérations qui nous ont engagés à ne pas donner aux tribunaux la connaissance des appels contre les décisions disciplinaires administratives. C'est au directeur de l'Intérieur qu'il appartiendra de recevoir les réclamations.

« L'article 4 assure un contrôle permanent de nos agents.

« Vous n'ignorez pas, Monsieur le Ministre, que la police en Cochinchine est faite par les villages. Quand leur surveillance se ralentit, lorsque les notables se laissent gagner par les pirates et les voleurs de buffles, la sécurité est rapidement compromise; peu à peu, des bandes de vagabonds se forment dans des districts éloignés des grandes voies fluviales et une tentative de rébellion se produit. Aussi, de tout temps, mes prédécesseurs ont-ils infligé des amendes collectives aux villages qui faisaient preuve de négligence, qui n'exécutaient pas les arrêtés de police, ne prêtaient pas un concours actif à la recherche des criminels; ils basaient leurs décisions sur une ordonnance de l'amiral de la Grandière, en date du 14 janvier 1867. La promulgation du Code pénal abroge ces dispositions, et je ne me crois plus en droit d'infliger des amendes collectives. Les articles 5 et 6 du projet de décret comblent cette lacune; ils sont calqués, quant à leurs dispositions, sur l'article 5 de la loi forestière du 17 juillet 1874.

« Jusqu'à la publication de l'arrêté constituant le tribunal supérieur, le chef de la colonie représentait l'origine et la source des pouvoirs judiciaires; en cas d'insurrection, il prenait telle mesure que lui commandait sa conscience; c'est ainsi que les condamnations à la peine capitale ont été fréquemment prononcées administrativement.

« Je suis loin de réclamer des attributions aussi étendues; il y a eu assez de sang versé; je considère comme dangereux de laisser à un homme, quels que soient ses mérites et ses vertus, un pouvoir sans limite et sans contrôle; il finit par en abuser; sous l'impression de circonstances graves, le sens moral ne tarde pas à s'oblitérer chez lui, surtout lorsqu'il vit au milieu d'une civilisation inférieure et corrompue. Mais il importe qu'en cas d'insurrection, le représentant du gouvernement de la République ne soit pas désarmé, qu'il dispose de pouvoirs suffisants pour assurer la domination de la France.

« Les articles 7 et 8 déterminent l'application du séquestre; cette pénalité, prononcée à titre définitif par le ministre des Colonies, est, à mon avis, celle qui produit la plus vive impression sur les populations et qui laisse chez elles le souvenir le plus durable.

« Là s'arrêteraient mes propositions. Le Conseil privé, à l'unanimité, a pensé qu'elles n'étaient pas suffisantes et m'a engagé à régler le droit d'internement. Cette assemblée estime, et je ne serais pas éloigné de partager son avis, que, dans les temps de trouble, certaines personnalités intrigantes, dans leur intérêt même, ne sauraient être laissées en liberté; elles répandent de faux bruits, jettent la défiance dans les esprits, préparent les prises d'armes, et cependant ne peuvent être déférées à la justice, faute de preuves matérielles. Le gouverneur, il est vrai, a le droit de les expulser; mais elles se rendraient à la Cour de Hué, où elles nous créeraient de plus sérieux embarras que ceux que nous voudrions éviter. L'article 10 permettrait au gouverneur d'interner les indigènes, sous la condition expresse d'en rendre compte immédiatement au ministre.

« Telles sont les mesures d'exception que j'ai l'honneur de vous proposer; si je ne suivais que mon sentiment, je n'en réclamerais aucune, mais je ne dois pas perdre de vue que la tranquillité absolue dont nous jouissons actuellement peut être troublée, et je serais inexcusable de ne pas demander pour mes successeurs une autorité qui leur permettrait de réprimer une insurrection à ses débuts.

ORGANISATION ADMINISTRATIVE

« J'ai eu l'honneur de vous exposer au commencement de ce rapport les divergences de vues qui s'étaient produites entre le département et le gouvernement local. Il en est résulté les plus fâcheuses contradictions dans l'application en Cochinchine de la législation préparée à Paris. Tandis que le ministère croyait avoir une colonie de domination, nous pénétrions dans les moindres détails de la vie publique; nos résidents, sous le nom d'inspecteurs, se transformaient en simples agents administratifs; l'attribution de tous les pouvoirs qui leur étaient confiés par les décrets, au lieu d'être une force pour eux, devenait une faiblesse, car ils n'étaient plus à la hauteur de leurs multiples fonctions. Peu à peu, il a fallu augmenter le nombre des administrateurs; ils sont trois aujourd'hui par arrondissement; le personnel administratif, secrétaires européens, lettrés, secrétaires annamites, phus, huyens, s'est accru dans la même proportion, et tous ces agents, sans instruction professionnelle, ignorant des services qui leur sont confiés, coûtent cher et ne produisent qu'un travail imparfait. Pour donner quelque unité à une administration aussi vaste, opérant sur un terrain nouveau, pour coordonner tous les éléments d'une civilisation dont nous étions forcés de tenir compte, une direction générale fortement organisée était nécessaire; à ce prix, on aurait créé une tradition, établi l'ordre dans les différents services, donné aux affaires l'esprit de suite indispensable pour en assurer le succès. Malheureusement, il n'en fut pas ainsi; la direction de l'Intérieur, dont les employés ont été presque exclusivement recrutés parmi les sous-officiers de la marine, manquant pour la plupart d'instruction générale, n'a pas l'autorité morale nécessaire pour exercer un contrôle et une action efficaces sur les administrateurs des affaires indigènes; son rôle se réduit à un travail de centralisation de la comptabilité; elle n'imprime pas le mouvement aux différents services; il en résulte un défaut de coordination et de vues d'ensemble. L'erreur commise la veille dans un arrondissement de l'est se reproduit le lendemain, comme une expérience nouvelle, dans un arrondissement de l'ouest.

« Nous ne saurions conserver un pareil état de choses. Avec un budget de 20 millions, les affaires sont trop importantes et trop nombreuses pour qu'un seul homme puisse les embrasser; il est de toute nécessité de substituer une organisation régulière et méthodique à ce que nous appellerons, en nous servant d'un terme maritime, le débrouillage. En un mot, des institutions deviennent indispensables. L'administration centrale et l'administration provinciale concourant au même but, traitant les mêmes questions, exigeant les mêmes connaissances, nous estimons qu'il ne doit y avoir qu'un même cadre. En conservant deux recrutements différents, on s'exposerait à ne pas utiliser le concours d'agents qui, fort capables pour les travaux de cabinet, ne montrent pas une activité suffisante dans la direction d'un arrondissement. Le premier principe d'une administration est d'employer les hommes aux fonctions pour lesquelles l'expérience a révélé leurs aptitudes.

« Actuellement, pour entrer dans les affaires indigènes, il faut avoir passé une année au collège des stagiaires; nous croyons que cet établissement doit être supprimé; il n'a point donné de bons résultats et il ne nous paraît pas rationnel dans une contrée dont le climat est insalubre, de se charger d'instruire sur place son personnel. Ajoutons que les professeurs font et feront longtemps défaut; nous sommes obligés d'avoir recours à des maîtres inexpérimentés et insuffisamment préparés à leur délicate mission.

« Un bon administrateur doit connaître deux choses : la langue de ses administrés et l'administration; il apprendra l'annamite en suivant les cours qui ont lieu chaque année, en fréquentant les indigènes. Pourvu qu'il ait le diplôme de licencié en droit, quelques mois passés dans les bureaux de la direction de l'Intérieur lui permettront d'acquérir une connaissance suffisante de l'administration pratique.

« L'arrêté organique du 21 avril 1875 semble avoir été conçu pour éloigner de la direction de l'Intérieur tous les hommes de talent et ne permettre le recrutement que parmi des sujets dépourvus d'instruction. Quels que soient les titres universitaires, il faut débuter comme secrétaire auxiliaire, aux appointements d'Europe de 900 francs, 2,860 francs avec les indemnités coloniales de toute sorte; jamais un licencié en droit ou même un bachelier ès lettres ne consentira à venir en Cochinchine à de pareilles conditions. Les articles relatifs à l'avancement sont rédigés dans le même esprit; il faut dix ans de service pour arriver aux appointements de 6,000 francs, tandis qu'un administrateur débute à 8,000 francs, 11,500 francs avec le fonds de prévoyance, outre le logement, le service, l'éclairage.

« Ainsi que nous l'avons déjà dit, l'administration ne saurait se charger d'instruire sur place son personnel et tous ses efforts doivent tendre à recruter des hommes intelligents justifiant de leur capacité. J'estime qu'en Cochinchine, un Européen ne peut vivre à moins de 4,000 francs. Cette somme sera donc le traitement minimum. Si l'organisation actuelle était conservée, l'élévation de solde entraînerait une augmentation considérable de dépense; mais pour les emplois inférieurs, il est facile de substituer des indigènes aux Européens. Cette mesure, outre l'économie qu'elle permettra de réaliser, aura le grand avantage de nous attacher la population annamite.

« Ces considérations indiquent quelle doit être, selon moi, la composition du personnel :

« Pour les emplois inférieurs, des agents annamites; pour les fonctions de rédacteur, des Européens pourvus autant que possible du diplôme de licencié en droit. C'est parmi ces fonctionnaires que seront choisis les administrateurs des affaires indigènes, après justification de la connaissance de la langue annamite. Une dernière catégorie d'agents mérite toute la bienveillance de l'Administration, c'est celle des comptables; l'instruction première leur fait généralement défaut et ils ne sauraient prétendre à des emplois d'administrateur ou de chef de bureau. Ils pourront obtenir des appointements de 7,000 francs, et, avec les avantages de différentes natures qui leur seront faits, se créer une situation convenable.

« J'ai joint au projet de décret un tableau du personnel, et je crois qu'il est indispensable, pour sauvegarder les droits des fonctionnaires, de fixer les cadres d'une manière étroite, sauf à les augmenter par mesure d'ensemble lorsque le besoin s'en fait sentir.

« J'ai donné une assimilation aux chefs des différents services; je retire ainsi au gouverneur le droit de gratifier d'emplois avantageux de nouveaux venus dont les mérites ne justifient pas de semblables faveurs.

« Dans une période de transformation, on ne saurait se dispenser de tenir compte des services antérieurs et des droits acquis sous le régime de la législation abrogée. Un grand nombre des employés actuels, depuis le grade de premier commis jusqu'à celui de secrétaire auxiliaire, ne pourront certainement pas remplir les conditions prévues par le décret pour l'admission dans les cadres de l'Administration ; je propose cependant de concéder aux premiers commis le titre de commis principal de 2e classe, sauf, s'ils veulent avancer, à justifier de leur capacité par des examens.

« Les secrétaires de toute classe, dont le défaut d'instruction ne permettrait pas l'admission aux fonctions de commis rédacteur, pourraient concourir pour les fonctions de comptable. Ceux qui seraient refusés à deux épreuves successives, à une année d'intervalle, prouveraient ainsi leur insuffisance et ne sauraient s'étonner d'être exclus d'emplois qu'ils seraient incapables de remplir. Par mesure de bienveillance, ils conserveraient leur ancien traitement avec un minimum de 3,500 francs, le droit aux congés et la participation de 20 p. 100 au fonds de prévoyance. La colonie ne saurait faire davantage pour eux.

« Telles sont, Monsieur le Ministre, les principales considérations qui m'ont conduit à la rédaction du projet de décret que j'ai l'honneur de vous soumettre.

« Aucune question de principe n'est soulevée, nous rentrons dans les traditions de l'Administration, dont nous nous étions écartés sans connaître le terrain sur lequel nous avions à opérer.

« Loin de réduire, comme on m'en a prêté l'intention, l'autorité de l'administrateur, j'augmente ses pouvoirs politiques dans une notable proportion : son droit de contrôle a été étendu sur tout le personnel de son arrondissement; mais, en même temps, je lui enlève les fonctions secondaires qui absorbaient son temps et, en réalité, nuisaient à sa considération et à son influence. Afin de donner à son administration l'esprit de suite qui est nécessaire, et pour assurer la conservation des papiers, je place près de lui un secrétaire d'arrondissement qui sera chargé, sous ses ordres, de la direction des bureaux.

« Je n'entrerai pas, Monsieur le Ministre, dans la discussion des articles du projet, je ne ferais que répéter ce qui a été dit au Conseil privé, dont je vous envoie les procès-verbaux de séance. Les tableaux statistiques joints au dossier vous permettront d'apprécier, d'un seul coup d'œil, la composition des différents services, et un chapitre spécial vous fera connaître la situation financière.

LA PERCEPTION DANS LES ARRONDISSEMENTS

« De concert avec le trésorier-payeur, j'ai chargé de la perception de l'impôt et des paiements les premiers commis de la direction de l'Intérieur. Ces agents qui habitent la colonie depuis huit ou dix ans, dont la moralité est connue, qui possèdent parfois un fonds de prévoyance élevé, qui ont une longue pratique de la comptabilité et comprennent l'annamite, nous offrent beaucoup plus de garanties que les commis de la trésorerie d'Afrique, trop souvent envoyés en Cochinchine pour payer leurs dettes et expier leurs péchés de jeunesse. Je ne parle pas des préposés-payeurs, qui conservent la centralisation de la comptabilité financière à Saïgon, Cholon, Mytho, Vinh-Long et Chaudoc. L'expérience a été des plus favorables, et j'ai l'honneur de vous proposer la généralisation de cette mesure, en substituant aux premiers commis les comptables de 1re et de 2e classe (nouvelle formation).

« Je ne pense pas qu'il y ait lieu de rendre un décret à cet égard ; ces dispositions ne sont que transitoires; elles nous permettront d'attendre qu'un règlement définitif constitue d'une façon normale l'organisation de la trésorerie qui, vous le savez, laisse beaucoup à désirer.

COMPTE DE PRÉVOYANCE

« La Caisse de prévoyance, créée par décret de 1873, est une institution trop libérale pour que nous ne la conservions pas en principe; mais, au lieu d'un tarif qui varie de 14 à 40 p. 100 de la solde, je lui substitue une bonification de 20 p. 100 dont bénéficie tout le personnel. Nous n'avons pas pensé que, dans un pays de démocratie, il fût possible de traiter moins favorablement les petits employés que les fonctionnaires d'ordre supérieur.

« Douze années de service effectif sont actuellement nécessaires pour obtenir la liquidation du fonds de prévoyance. Cette période est trop longue; beaucoup d'hommes bien constitués ne peuvent résister au climat pendant aussi longtemps ; ou ils rentrent en France sans profiter de leurs droits acquis, ou, pour remplir leurs conditions, ils compromettent leur santé et même leur vie; ils passent un mois ou deux à l'hôpital, ne se guérissent imparfaitement que pour retomber quelques jours après. Leur caractère s'aigrit; ils soulèvent à chaque instant des conflits, deviennent incapables de tout travail suivi. Un pareil état de choses n'est pas profitable à l'Administration, aussi nous avons pensé qu'il y avait lieu d'abaisser à six années la durée de la résidence effective.

« Entre vingt-cinq et trente ans, un fonctionnaire dont la santé est altérée pourra rentrer en France avec une somme représentant une année et quart de son traitement; il sera ainsi en mesure d'attendre qu'il ait trouvé une autre situation. S'il reste dans l'administration locale, à vingt-cinq ans de services, il disposera, outre sa retraite, d'un capital de 20,000 à 50,000 francs, selon son grade. Sauf le cas de décès, la liquidation ne peut avoir lieu avant six années. C'est le seul moyen d'éviter les abus; la colonie est du reste en droit de ne récompenser que les services rendus, et elle ne se montre pas exigeante en ne demandant que six années.

« Nous ne faisons pas participer les Asiatiques aux libéralités de la colonie; pour eux, le climat ne présente pas les mêmes périls que pour les Européens. Il en est de même provisoirement des fonctionnaires français détachés aux postes et télégraphes, au trésor, aux ponts et chaussées, etc., dont le traitement a été calculé sur des bases particulièrement avantageuses. Nous ajournons la décision jusqu'à entente avec les ministères compétents.

« Du moment où tout le personnel est appelé à bénéficier des dispositions bienveillantes réservées autrefois à quelques privilégiés et que nous abaissons la durée des services exigés, nous sommes conduits à substituer un compte de prévoyance à une caisse dont la comptabilité nécessiterait de nombreux agents. Le montant du compte est 20 p. 100 des appointements coloniaux; le versement à la caisse était de 44 p. 100 en faveur des administrateurs de 3e classe. Si la même proportion était admise, la dépense actuelle serait plus que doublée et dépasserait 1,700,000 francs. »

(Vient ensuite la discussion des différents articles du décret, que nous croyons inutile de reproduire.)

NATURALISATION DES INDIGÈNES

« Les différentes propositions que j'ai l'honneur de vous soumettre prévoient le concours des indigènes; lorsque le moment sera venu de réglementer les différentes affaires judiciaires, nous serons également obligés de faire appel aux Annamites, tout au moins dans les emplois inférieurs que les Européens ne sauraient remplir. Dans ces conditions, il parait nécessaire d'admettre la naturalisation de nos sujets qui se rendraient dignes de cet honneur. Déjà, je vous ai entretenu de cette question, et, par votre dépêche du 14 mai, vous avez bien voulu me faire savoir que vous étiez disposé à accueillir favorablement les propositions que je vous adresserai à cet égard.

« Dans sa séance du 29 juin, le Conseil privé a adopté, sauf quelques légères modifications de rédaction, le projet de décret que je lui ai présenté. La procédure à suivre est la même que celle prévue au décret du 21 avril 1866, mais les autres dispositions sont conçues dans un esprit différent. Il m'a paru inutile et dangereux d'accorder les droits de citoyens français à des hommes incapables d'en comprendre les devoirs; aussi l'article 2 exige-t-il que l'indigène qui sollicite la naturalisation justifie de la connaissance de la langue française et prouve qu'il s'est rallié à notre domination.

« Je ne me dissimule pas que les demandes seront rares au début, mais leur nombre se multipliera peu à peu, étant donné le caractère des Annamites, dont la défiance est le signe particulier. Une fois rassurés, lorsqu'ils auront reconnu les avantages et la sécurité que leur donnera la naturalisation, je suis à peu près certain qu'ils s'empresseront de la réclamer. Nous aurons là un puissant encouragement pour la diffusion de l'enseignement du français.

« J'ai pensé, Monsieur le Ministre, qu'au moment où nous fixons la situation de tout notre personnel, où nous assurons des conditions de solde avantageuses, il était d'une sage politique d'améliorer en même temps la situation des indigènes et de joindre au projet d'ensemble des dispositions les concernant spécialement. J'espère que vous partagerez cette manière de voir.

SUPPRESSION DE LA CORVÉE

« C'est dans le même esprit qu'a été conçu le projet de décret supprimant la corvée. Je n'ai pas besoin d'insister sur les graves inconvénients que présente ce mode d'impôt, le plus onéreux de tous pour les populations, le plus contraire à leurs intérêts et à ceux du Trésor; la preuve en a été faite, il y a plus d'un siècle, par Turgot, alors qu'il était intendant du Limousin, et les cultivateurs de cette région bénissent encore sa mémoire, tant cette réforme avait produit d'impression sur l'esprit de leurs pères.

« En Cochinchine, la corvée, quoique la journée soit payée 50 centimes, est particulièrement odieuse; elle maintient la classe ouvrière dans un véritable esclavage. Les habitants sont divisés en deux classes, les inscrits et les non-inscrits. Les premiers seuls sont responsables de l'impôt; sous la menace d'envoyer les non-inscrits travailler sur les chantiers publics, ils leur font cultiver leurs rizières. M. l'Administrateur de Cantho a découvert vingt de ces malheureux qui servaient gratuitement chez un riche propriétaire de cet arrondissement.

« Des considérations politiques de l'ordre le plus élevé conseillent cette mesure ; la plupart des insurrections que nous avons eu à réprimer n'étaient que la conséquence des corvées; ce n'est pas impunément que l'on réunit sur le même point deux, trois, quatre, cinq mille ouvriers, mal payés, mal nourris, mal logés, par conséquent très mécontents et tout disposés à écouter les mauvais conseils des fauteurs de révolte.

« Quelques administrateurs m'ont objecté qu'avec des ouvriers libres il deviendrait difficile d'entreprendre de grands travaux publics; je ne partage pas leur opinion, l'exemple du canal de Suez prouve que le travail accompli dans ces conditions est plus onéreux que celui donné à l'entreprise. En fût-il autrement, je n'hésiterais pas à supprimer les corvées, préférant ajourner l'exécution de canaux et de routes plutôt que de compromettre la sécurité et de laisser notre colonie dans un état latent de rébellion.

« Les pouvoirs dont je dispose sont suffisants pour me permettre de prendre cette mesure; si je vous demande d'avoir recours à un décret, c'est que je la considère comme devant être définitive et constituant la plus grande amélioration que nous puissions apporter au sort des Annamites.

« Un pareil acte me semble devoir être rendu par le Président de la République.

CONSÉQUENCES FINANCIÈRES

« La confusion des pouvoirs judiciaire, administratif, financier, entre les mains des administrateurs, a conduit à la confusion des attributions de chaque employé; bien peu d'agents, dans l'intérieur, sont attachés à un service particulier; il est donc impossible de savoir approximativement la part de dépense incombant à la justice, à l'administration, à la perception, et de comparer par détail la situation financière à celle qui résultera de la nouvelle organisation; je suis forcé d'opérer sur l'ensemble du projet.

« Les chiffres portés au budget de 1880 n'étant que des prévisions, et la direction de l'Intérieur ayant eu pour doctrine de majorer les crédits et de minorer les recettes, j'ai dû baser mes évaluations sur l'état du personnel au 1er juin dernier et le considérer comme invariable pour l'exercice tout entier.

« Il résulte des différents tableaux annexés au présent rapport que les dépenses de l'ancienne organisation et de celle proposée s'élèvent respectivement à 2,411,400 francs et 2,482,650 francs.

« Ainsi, moyennant un accroissement de dépense de 71,250 francs, nous parvenons à assurer la séparation des pouvoirs, à améliorer la solde de tout le personnel, y compris celle des administrateurs et des indigènes, à constituer un compte de prévoyance qui permettra, après six années de séjour, à l'employé malade de rentrer en France sans être exposé, comme aujourd'hui, à mourir dans un dépôt de mendicité.

« Ce résultat a été obtenu par une meilleure distribution du personnel, en affectant chaque agent au service auquel il est apte, en supprimant une confusion d'attributions qui, à la première heure, lorsque l'administration, n'étant qu'à l'état embryonnaire, pouvait donner des économies, mais, aujourd'hui que le travail est considérable, n'amène que la confusion dans les idées, le désordre dans les écritures, et ne permet pas un contrôle sérieux.

CONCLUSION

« Ces projets de décrets, Monsieur le Ministre, ne sont que les instruments destinés à assurer la réalisation de la grande œuvre que vous avez conçue et dont vous m'avez confié en partie l'exécution; elle consiste à nous attacher les populations soumises, à les élever jusqu'à nous, à les faire profiter des bienfaits de notre civilisation. C'est là une mission digne de la France et du ministre qui aura la rare fortune, après avoir attaché son nom à la conquête, après avoir traversé les mauvais jours de l'occupation, de présider à la pacification définitive et à l'organisation de la Cochinchine. Vous ne pouviez trouver un terrain mieux préparé pour appliquer le programme colonial que vous vous êtes tracé. L'Annamite a les qualités et les défauts de la race française : il est brave, intelligent, frondeur et rempli de gaieté ; de plus, il aime l'instruction et possède l'esprit de discipline ; on lui reproche sa fourberie, mais je ne pense pas que ce soit un vice inhérent à sa nature ; c'est probablement la conséquence de plusieurs siècles de tyrannie. Privée de représentation politique, soumise au joug de mandarins qui commettaient toutes sortes d'exactions, la population est devenue d'une extrême prudence et a pris l'habitude de cacher sa défiance sous l'apparence de l'humilité.

« Nous devons nous efforcer de la rassurer, de lui faire comprendre que nos intérêts sont communs, que sa prospérité est l'objet de notre constante sollicitude. Nous avons déjà beaucoup fait, et les derniers décrets sur le Conseil colonial et la séparation des pouvoirs contribueront à nous attacher la jeune génération. Les mesures que j'ai l'honneur de vous proposer accentueront encore ce mouvement, surtout si je puis, en même temps, donner une vive impulsion à l'enseignement primaire. En l'état actuel, nous ne pouvons communiquer avec les indigènes ; le développement de l'instruction nous permettra de connaître leurs besoins et leurs désirs, de faire pénétrer dans leur esprit nos idées et nos doctrines. Les trois cents écoles de caractère français que je viens de fonder dans les cantons, et qui contiennent déjà plus de dix mille élèves, me font concevoir à cet égard de légitimes espérances.

« Je suis, etc.....

« Le Gouverneur de la Cochinchine. »

CHAPITRE III

Les assemblées électives. — Création du Conseil colonial (décret du 8 février 1880). — Création des Conseils d'arrondissement (15 mai 1882). — Proclamation aux Annamites. — Création du Conseil municipal de Cholon. — Modifications apportées à la composition du Conseil municipal de Saïgon (décret du 29 avril 1881). — Promulgation dans la colonie de la loi du 22 mars 1882 sur la nomination des maires et adjoints (communes françaises). — Loi du 28 juillet 1881, accordant la représentation de la Cochinchine à la Chambre des députés.

CONSEIL COLONIAL

« Saïgon, le 10 novembre 1879.

« Monsieur le Ministre,

« Je ne saurais contredire aux considérations d'un ordre si élevé que vous m'avez fait l'honneur de m'indiquer dans votre lettre du 2 octobre, relative à l'organisation du Conseil colonial. Certes, il n'est pas contestable, au point de vue des principes, de donner aux indigènes, qui, en résumé, supportent les charges, une représentation au moins égale, sinon supérieure à celle des Européens; mais quand on descend de la théorie du droit à la pratique des faits, bien des objections se présentent à l'esprit.

« Un Conseil colonial ainsi composé offrirait-il des garanties d'indépendance suffisantes? Il est permis d'en douter.

« D'ici bien longtemps, les Annamites obéiront servilement; c'est une tradition de la race de s'incliner toujours devant le maître; le laï est encore en usage dans la Basse-Cochinchine et aucun indigène ne comparaît devant un administrateur sans se prosterner. J'aurais voulu supprimer cette coutume et je n'ai osé le faire, de peur de compromettre notre domination.

« Le gouverneur aurait donc au Conseil 9 voix sur 17, c'est-à-dire la majorité, et sa responsabilité serait entièrement couverte, car elle s'abriterait derrière un vote.

« Plus encore que la colonie, le département pourrait avoir à souffrir d'un pareil état de choses, et il ne me paraît pas prudent de confier à un gouverneur, quel qu'il soit, l'administration d'un budget de 20 millions dans de pareilles conditions.

« On répondra, il est vrai, que la minorité européenne sera là pour faire contrepoids; mais si elle est écoutée à Paris, que deviendront les votes et les pouvoirs de la majorité? Ce seraient des conflits perpétuels; l'élément français et l'élément indigène ne tarderaient pas à entrer en lutte.

« J'ai mûrement réfléchi sur cette question; j'ai préparé plusieurs projets, j'en ai rédigé les exposés de motifs; aucun ne m'a contenté, et j'en suis arrivé à penser qu'avec les éléments divers, en quelque sorte opposés, qui interviennent, aucune solution normale et satisfaisante au point de vue des principes n'était possible, que le mieux était de se contenter d'une organisation temporaire et provisoire, nous permettant d'attendre que nous ayons appelé les indigènes à participer à notre civilisation.

« C'est ce qui m'a conduit à vous écrire ma lettre du 19 juillet.

« Si les indigènes ne sont pas appelés, comme le voudraient les principes, à participer, dans la proportion de leur nombre et de leurs taxes contributives, à la représentation coloniale, il leur reste tout au moins la vie municipale, base et origine de toute constitution politique, dont ils jouissent de la manière la plus large et la plus complète. Les notables continuent à voter et à dépenser sans contrôle les taxes locales, dont le produit, joint à celui des biens communaux, doit dépasser le montant des impôts directs perçus par nous. J'aurais voulu vous fournir à ce sujet des chiffres exacts au lieu de vagues appréciations; malheureusement, nous manquons de données statistiques et il me faut du temps pour les établir.

« Le système que je vous ai soumis est loin de me satisfaire; il me serait facile d'en critiquer les points faibles, et je m'y suis décidé après de longues hésitations, parce que, tout au moins, il assurait le présent.

« Comme j'ai eu l'honneur de vous l'écrire déjà plusieurs fois, nous pouvons en Cochinchine poser des principes, tracer de grandes lignes, déterminer le but à atteindre; mais nous ne saurions rien fonder de définitif dans un pays dont le sol est encore en formation, où la pénétration des deux civilisations n'est pas même commencée.

« Je considérerai comme excellente, je recevrai avec gratitude toute organisation qui donnera un contrôle effectif, respectera l'autorité du gouvernement de la République et ne compromettra pas les intérêts des indigènes, qui, je le pense comme vous, doivent être l'objet de nos constantes préoccupations et que nous avons peut-être trop négligés jusqu'ici.

« Je ne pourrais utilement vous adresser de nouvelles propositions; vous comprendrez, Monsieur le Ministre, combien il est difficile de traiter par correspondance, à trois mois de date, une question de cette importance qui nécessite des demandes et des réponses immédiates, pour que l'on puisse apprécier les mérites ou les inconvénients de telle ou telle combinaison, qui n'a d'autre but que de tenir compte des conditions spéciales où se trouve momentanément la colonie.

« Je suis, etc..... « LE GOUVERNEUR. »

CABLOGRAMME

« Paris, 11 février 1880.

« *Marine à Gouverneur.*

« Décret du 8 crée Conseil colonial.

« 6 membres français élus;

« 6 membres annamites élus;

« 2 membres délégués, Chambre de Commerce;

« 2 membres civils, Conseil privé, nommés par décret. »

Les propositions du gouverneur se trouvaient ainsi ratifiées.

RAPPORT au Président de la République, du 8 février 1880.

« MONSIEUR LE PRÉSIDENT,

« Depuis que j'ai l'honneur de diriger l'administration des Colonies, l'une de mes préoccupations les plus constantes a été de préparer, par des mesures successives, l'accession de nos populations d'outre-mer aux institutions de la métropole. Déjà, six de ces possessions, dotées de la représentation directe, viennent prendre part aux travaux du Parlement, en même temps que, dans chacune d'elles, des

Conseils généraux stimulent et entretiennent la vie locale en appelant les habitants à discuter et à régler leurs propres affaires.

« Cette double participation à l'élaboration des questions qui intéressent le plus le développement moral et matériel des peuples est un but vers lequel doivent tendre, dans la mesure de leurs forces et de leur état social, ceux de nos établissements qui ne sauraient être immédiatement pourvus d'un organisme complet. Tel est le cas de la Cochinchine. Sa conquête, encore récente, ne permet pas de doter la population autochtone de tous les droits acquis aux citoyens français. D'un autre côté, le nombre restreint de nos nationaux fixés dans ce pays ne saurait comporter, à leur profit, l'établissement de la représentation métropolitaine.

« Cependant, de grands intérêts sont en jeu dans cette vaste possession; l'administration d'un budget considérable, produit par l'impôt, engage dans une large mesure la responsabilité du gouvernement local et nécessite un contrôle sérieux. Il m'a semblé qu'on ne pouvait laisser plus longtemps en dehors de l'étude de ces graves questions ceux des sujets français qui sont venus apporter à cette colonie naissante le concours de leurs capitaux et de leur esprit d'entreprise, et les indigènes aujourd'hui soumis à notre domination, qui supportent la plus lourde part des charges publiques.

« Cette pensée pourrait être réalisée par l'institution d'un Conseil colonial réunissant ces deux éléments essentiels de la population. Tel est l'objet du décret ci-joint.

« Mais il ne saurait être question d'appeler ces deux éléments à y siéger dans les mêmes conditions d'investiture, ni de les y admettre en nombre proportionnel à leurs effectifs, ni même de concéder à chacun d'eux une part égale dans le chiffre total de la représentation. J'ai pensé que l'on tiendrait un compte équitable des conditions spéciales du pays, des intérêts en cause et des circonstances, en faisant une part à l'élection directe dans la mesure que comportent les mœurs annamites, une part à la désignation du commerce et enfin une dernière part au choix de l'Administration supérieure. Dans ces conditions, le Conseil comportera six citoyens français, élus par le suffrage universel; six membres asiatiques, sujets français; deux membres délégués de la Chambre de Commerce et les deux membres civils du Conseil privé, nommés par décret.

« Cette composition me paraît offrir les garanties désirables. Tout en donnant la suprématie à l'élément français, elle assure à l'élément indigène une part importante à la gestion des affaires communes, et constitue en sa faveur un commencement d'accession à nos mœurs et à nos institutions.

« La période durant laquelle les membres indigènes pourront être dispensés de parler le français est limitée à six ans; j'y vois un stimulant très sérieux pour amener les Annamites à parler notre langue.

« Quant à ses attributions, le Conseil est investi de la plupart de celles qui sont conférées aux Conseils généraux des colonies qui sont pourvues de cet organe.

« En matière économique, le Conseil vote les tarifs des taxes et contributions de toute nature, nécessaires pour l'acquittement des dépenses de la colonie, autres que ceux afférents aux droits de douane et d'octroi de mer.

« Il délibère sur le mode d'assiette et les règles de perception des contributions et taxes. Mais il donne seulement son avis sur les tarifs d'octroi de mer à établir sur les objets de toute nature et de toute provenance, ainsi que sur les tarifs de douane à appliquer dans la colonie.

« Il délibère également sur le budget local, lequel comprend :

« 1° Les recettes de toute nature autres que celles provenant de la vente ou de la cession d'objets payés sur les fonds généraux du Trésor et des retenues opérées sur les traitements inscrits au budget de l'Etat;

« 2° Toutes les dépenses autres que celles relatives au traitement du gouverneur et du trésorier-payeur, et aux services militaires.

« Les dépenses obligatoires et les dépenses facultatives de ce budget sont à peu de choses près les mêmes que celles des budgets des autres colonies. Mais, étant donné le chiffre élevé auquel ces dernières pourraient atteindre, vu les ressources importantes que fournit l'impôt, j'ai cru nécessaire de suspendre leur homologation lorsque les projets se rapportant à ces dépenses m'auront paru exiger un complément d'études ou une nouvelle délibération. C'est une garantie contre les entraînements possibles, mais non une entrave à l'exercice d'un droit qui demeure entier quand il en est fait usage avec sagesse.

« Telle est, en peu de mots, l'économie du décret que j'ai l'honneur de soumettre à votre signature. Son application en Cochinchine constituera un progrès considérable; elle facilitera, je n'en doute pas, l'assimilation des populations et l'accroissement de l'influence et des intérêts français dans ce vaste pays, appelé à prendre le plus brillant essor par le développement des libertés locales.

« Je vous prie d'agréer, etc.....

« *Le Ministre de la Marine et des Colonies,*

« JAURÉGUIBERRY. »

DÉCRET

« ARTICLE PREMIER. — L'article 22 du décret du 8 février 1880, concernant le mode de nomination du président et du secrétaire du Conseil colonial de la Cochinchine, est abrogé et remplacé par les dispositions suivantes :

« A l'ouverture de chaque session, le Conseil colonial, sous la présidence de son doyen d'âge, le plus jeune faisant les fonctions de secrétaire, nomme au bulletin secret, à la majorité absolue des votes, son président, son vice-président et son secrétaire.

. . . .

« Fait à Paris, le 12 mars 1881.

« JULES GRÉVY. »

CONSEILS D'ARRONDISSEMENT

RAPPORT au Conseil colonial, au sujet de la création des Conseils d'arrondissement en Cochinchine.

« L'installation du service de la vicinalité avait si bien démontré la nécessité des Conseils d'arrondissement que, de ce fait même, ces assemblées se sont trouvées constituées sur l'heure et ont fonctionné, bien que sans installation régulière et sans réglementation. Les chefs et les sous-chefs de canton les composaient et l'administrateur se trouvait naturellement appelé à les présider. C'est ainsi que l'on a procédé pendant l'année 1881, et l'Administration a trouvé, dans ce système improvisé, de précieux concours. Nous lui devons en partie les résultats obtenus dans cette première campagne.

« Néanmoins, il faut bien le reconnaître, ce n'était qu'un heureux expédient.

« Il manquait à ces assemblées la consécration officielle.

« Le moment a paru opportun de profiter de l'expérience acquise et de faire bénéficier, à l'avenir, la colonie des lumières et de la compétence de cet utile rouage administratif.

« Et ici, tout en nous inspirant de nos lois métropolitaines, il faut bien ne pas oublier que les dispositions de ces lois ne peuvent être toutes applicables dans notre colonie. Il faut tenir compte, en effet, des éléments nouveaux en présence desquels nous nous trouvons et des difficultés inhérentes à un pays neuf, à des populations récemment initiées à la vie représentative. Plusieurs écueils sont à éviter : d'une part, ne pas compliquer outre mesure les opérations électorales, auxquelles nos Annamites des campagnes ne sont pas encore habitués ; d'autre part, ne pas créer dans le canton, à côté du chef de canton, une autorité rivale qui ruinerait celle de ces modestes et précieux auxiliaires. Enfin, une question délicate : est-il possible, en l'état actuel des choses, de laisser à un indigène la présidence de l'assemblée ?

« Telles sont les principales considérations dont nous devrons nous préoccuper en étudiant le projet de création des Conseils d'arrondissement.

« Saïgon, le 21 novembre 1881.

« *Le Directeur de l'Intérieur,*

« BÉLIARD. »

ARRÊTÉ du Gouverneur.

TITRE PREMIER.

Dispositions générales.

« ARTICLE PREMIER. — Il y a dans chaque arrondissement un Conseil d'arrondissement.

« ART. 2. — L'administrateur est le représentant du pouvoir exécutif dans l'arrondissement. Il est chargé de l'instruction préalable des affaires qui intéressent l'arrondissement, ainsi que de l'exécution des décisions du Conseil, dans les limites prévues au présent arrêté.

Titre II.

De la formation des Conseils d'arrondissement.

« Art. 3. — Chaque canton de l'arrondissement élit un membre du Conseil.

. . . .

« Art. 4. — . . . .

« Art. 5. — L'élection est faite au chef-lieu de canton par les notables en exercice de chaque commune, sur des listes dressées par les administrateurs.

« Art. 6. — Sont éligibles tous les inscrits habitant le canton, n'ayant subi aucune condamnation à une peine criminelle ou bien à une peine correctionnelle pour rébellion, piraterie ou vol.

« Art. 7. — Ne peuvent être élus membres du Conseil, les fonctionnaires recevant un traitement sur les budgets de l'Etat, de la colonie ou de l'arrondissement.

« Art. 8. — Nul ne peut être membre de plusieurs Conseils d'arrondissement ou, à la fois, du Conseil d'arrondissement et du Conseil colonial.

. . . .

« Art. 13. — Les Conseils d'arrondissement sont nommés pour trois ans; leurs pouvoirs prendront fin avec la promulgation du décret organique prévu à l'article 38.

« Art. 14. — . . . .

« Art. 15. — L'administrateur fait de droit partie du Conseil d'arrondissement; il en a la présidence.

« Art. 16. — Le gouverneur pourra nommer un ou deux conseillers européens, pris parmi les résidents de l'arrondissement.

Titre III.

Des sessions des Conseils d'arrondissement.

« Art. 17. — Les Conseils d'arrondissement ont, chaque année, deux sessions ordinaires, la première en janvier, la seconde en juillet.

« La durée des sessions est de huit jours.

« Les séances ne sont pas publiques.

. . . .

TITRE IV.

Des attributions des Conseils d'arrondissement.

« ART. 21. — Le Conseil d'arrondissement n'a que voix délibérative, mais aucune mesure touchant les intérêts propres de l'arrondissement ne peut être prise sans qu'elle ait, au préalable, été votée par le Conseil. Toutes les délibérations sont soumises à l'approbation du gouverneur, en Conseil privé.

« ART. 22. — Le Conseil donne son avis sur le classement des voies coloniales, sur les changements proposés à la circonscription du territoire de l'arrondissement, du canton et de la commune ; sur le classement par catégories des villages, pour la taxe des rizières ; sur toutes les questions relatives à l'assiette de l'impôt.

« ART. 23. — Tous vœux politiques sont interdits. Néanmoins, le Conseil peut émettre des vœux sur toutes les questions économiques et d'administration générale.

« ART. 24. — Les chefs de service des administrations publiques dans l'arrondissement devront fournir les renseignements qui leur seront demandés par le Conseil, sur les questions intéressant l'arrondissement.

. . . .

« ART. 28. — Au commencement de chaque session, l'administrateur prépare un rapport sur les affaires qui doivent être soumises au Conseil pendant la session ; ce rapport est écrit en français et en quoc-ngu.

TITRE V.

Budgets et comptes de l'arrondissement.

« ART. 29. — Le projet de budget de l'arrondissement, rédigé en français et en quoc-ngu, est préparé par l'administrateur. Le budget, délibéré par le Conseil d'arrondissement, est définitivement arrêté par le gouverneur, en Conseil privé.

« ART. 30. — Les recettes du budget se composent :

« 1° Du produit des centimes additionnels, dont le nombre est fixé annuellement par le gouverneur, sur le vote du Conseil colonial ;

« 2° Du produit du rachat des prestations ;

« 3° Du revenu et du produit des propriétés d'arrondissement;

« 4° Du produit des droits de péage des bacs et passages d'eau sur les chemins à la charge de l'arrondissement, de tous les autres droits concédés à l'arrondissement par les arrêtés;

« 5° De la part allouée à l'arrondissement, à titre de subvention, sur les fonds généraux de la colonie;

« 6° Du montant de la subvention des villages aux gardes du tram supprimés;

« 7° Des contingents de la colonie pour le service de la poste et de l'instruction publique;

« 8° Du contingent des communes et autres ressources éventuelles pour le service vicinal;

« 9° Du produit des emprunts;

« 10° Des dons et legs;

« 11° Du produit des biens aliénés;

« 12° De toute autre ressource accidentelle.

« Art. 31. — Les dépenses du budget sont les suivantes :

« 1° Construction et entretien des petits canaux et des chemins vicinaux de grande communication; paiement du personnel affecté à ce service;

« 2° Construction et entretien des écoles de canton; fournitures classiques; paiement du personnel;

« 3° Service de facteurs pour le transport des lettres à domicile et *vice versa*; bureau de réception et de distribution de l'arrondissement; plantons du chef de canton;

« 4° Paiement du personnel affecté à la caisse et à la comptabilité de l'arrondissement;

« 5° Entretien des propriétés et immeubles appartenant à l'arrondissement;

« 6° Dépenses d'utilité publique spéciales à l'arrondissement.

. . . .

« Art. 36. — La comptabilité et la caisse seront vérifiées par le directeur de l'Intérieur, quand il le jugera convenable, ou par son délégué.

« Art. 37. — Les comptes d'arrondissement, concernant les recettes et les dépenses, sont présentés, chaque année, en clôture d'exercice, au Conseil colonial, qui les entend et les débat. Ces comptes sont définitivement arrêtés par le Conseil colonial, et réglés par le gouverneur, en Conseil privé.

« Art. 38. — Le présent arrêté devra être transformé en décret dans une période maximum de trois années.

« Le Gouverneur.

« Par le Gouverneur :
« *Le Directeur de l'Intérieur,*
« Béliard. »

PROCLAMATION DU GOUVERNEUR AUX ANNAMITES

« Annamites,

« Vous êtes appelés à nommer des délégués qui, réunis en Conseils d'arrondissement, sous la présidence de l'administrateur, seront chargés d'assurer le meilleur emploi des ressources de la région et de délibérer sur le mode d'établissement de l'impôt; ces assemblées seront consultées sur toutes les questions qui vous intéressent; elles feront connaître vos vœux et vos besoins.

« En vous associant à l'administration directe du pays, le gouvernement de la République, qui vous a déjà donné de si nombreuses preuves de sa bienveillance, vous constitue des droits dont la pratique vous révélera l'importance.

« Annamites,

« Vous n'ignorez pas mes sentiments à votre égard; vous savez que ma principale, mon unique préoccupation est d'assurer l'affranchissement du peuple, son bonheur et sa prospérité; aussi suivrez-vous mes conseils, qui ne sont dictés que par l'affection paternelle que je vous porte. Ne désignez, pour vous représenter, que des hommes d'une probité et d'une moralité incontestables, qui, comprenant la grandeur de l'œuvre que nous entreprenons, soient décidés à nous prêter un concours fidèle et dévoué.

« Le succès de nos nouvelles institutions dépendra du choix que vous allez faire; votre avenir est entre vos mains. Montrez-vous dignes de la confiance que vous témoigne le gouvernement de la République.

« Saïgon, le 13 mai 1882. « Le Gouverneur. »

CONSEIL MUNICIPAL DE CHOLON

« Le Gouverneur de la Cochinchine,

« Considérant que la ville de Cholon a déjà été dotée d'une délégation municipale par un arrêté en date du 14 mai 1872; que cette délégation a été supprimée par un arrêté en date du 6 juillet 1875, dans un but de centralisation administrative et pou·· des motifs qui n'existent plus aujourd'hui;

« Considérant que l'importance croissante de cette ville, les intérêts de plus en plus considérables de son commerce et de son industrie, le chiffre de sa population en voie constante d'accroissement, le montant de ses ressources, l'étendue de son territoire, la mettent à même d'assumer la responsabilité que comporte l'institution du Conseil municipal;

« Sur la proposition du directeur de l'Intérieur;

« Le Conseil privé entendu,

« Arrête :

« Article premier. — La ville de Cholon est administrée par un Conseil municipal.

« Art. 2. — Le Conseil est composé ainsi qu'il suit :

« Un président, nommé par le gouverneur et dont les pouvoirs ne peuvent excéder trois ans, remplissant les fonctions de maire;

« Trois membres européens, présentés par la Chambre de Commerce, pris, autant que possible, parmi ceux qui dirigent une industrie ou un commerce à Cholon et nommés par le gouverneur;

« Quatre membres annamites, nommés à l'élection;

« Quatre membres chinois, nommés à l'élection.

« Le président sera assisté de trois adjoints : un européen, un annamite, un chinois, nommés par le gouverneur sur la présentation du maire.

« Les fonctions des membres du Conseil municipal et celles des adjoints sont gratuites.

« Le directeur de l'Intérieur aura les attributions d'un préfet vis-à-vis du Conseil municipal, telles qu'elles sont définies par la loi de 1837, en ce qui concerne les communes ordinaires.

CONDITIONS RELATIVES AUX ÉLECTEURS

« Electeurs, éligibles . . . .

. . . .

« Saïgon, le 20 octobre 1879.

« LE GOUVERNEUR.

« Pour le Gouverneur :

« *Le Directeur de l'Intérieur*,

« BÉLIARD. »

CONSEIL MUNICIPAL DE SAÏGON

« Le Président de la République française,

« DÉCRÈTE :

« ARTICLE PREMIER. — Aucun étranger, Asiatique ou non, ne pourra faire partie du Conseil municipal de Saïgon, lequel se composera désormais de huit membres français ou naturalisés et de quatre membres indigènes (non compris le maire et les deux adjoints).

« ART. 2. — Les membres indigènes seront, comme les membres français, nommés au suffrage universel et direct. Le gouverneur fera établir en conséquence les listes électorales pour les sujets annamites, en se rapprochant autant que possible des prescriptions édictées par le décret du 8 janvier 1877 pour la formation des listes des électeurs citoyens français.

« ART. 3. — Les conseillers municipaux seront élus pour six ans et renouvelables par moitié tous les trois ans.

. . . .

« Fait à Paris, le 29 avril 1881.

« JULES GRÉVY.

« Par le Président de la République :

« *Le Ministre de la Marine et des Colonies*,

« G. CLOUÉ. »

Promulgation dans la colonie de la loi du 22 mars 1882 sur la nomination des maires et adjoints (communes françaises).

REPRÉSENTATION POLITIQUE

LOI du 28 juillet 1881, augmentant la représentation de l'Algérie et des Colonies.

« Le Sénat et la Chambre des députés ont adopté,

« Le Président de la République promulgue la loi dont la teneur suit :

« ARTICLE PREMIER. — Le tableau des circonscriptions électorales, dans les arrondissements dont la population excède cent mille habitants, annexé à la loi du 24 décembre 1875, est modifié et complété conformément à l'état A ci-annexé.

« ART. 2. — . . . .

« ART. 3. — La Cochinchine française nomme un député.

« Fait à Paris, le 28 juillet 1881.

« JULES GRÉVY. »

DISCOURS prononcé par le Gouverneur à l'ouverture de la session du Conseil colonial (5 décembre 1881).

« MESSIEURS,

« La substitution du régime administratif au gouvernement militaire, commencée en 1865 par l'amiral de la Grandière, parfois interrompue, mais toujours reprise après quelques années d'essais infructueux pour revenir en arrière, est aujourd'hui un fait accompli. Cet acte important a été consacré par plusieurs décrets qui se proposent de donner à l'Européen une entière liberté et d'assimiler progressivement les indigènes à notre civilisation, afin de les appeler à jouir des droits de citoyen. Ce programme est conforme à la politique de la France, qui ne fait pas de conquête dans le but d'exploiter le vaincu en le réduisant au servage, mais s'efforce au contraire de faire pénétrer ses idées chez ses nouveaux sujets. Partout où nous avons suivi cette ligne de conduite, aux Indes comme en Amérique, nous avons obtenu les résultats les plus satisfaisants; nos désastres, dus à l'incurie des gouvernants, ont été considérés comme un malheur public par les natifs, qui conservent encore le souvenir de notre humanité;

chaque fois, au contraire, que nous nous en sommes écartés, des insurrections terribles, des difficultés sans nombre nous ont démontré l'erreur que nous avions commise.

« Au moment d'entrer dans la période d'application de nos nouvelles institutions, il ne vous paraîtra pas inutile de rappeler les différentes mesures qui ont été adoptées depuis deux années; vous apprécierez ainsi les progrès déjà acquis et ceux qui restent encore à accomplir.

« Jusqu'en 1879, les pouvoirs administratif, judiciaire, militaire et financier étaient concentrés dans les mêmes mains; le gouverneur, origine et détenteur de toute autorité, faisait les lois et prononçait les peines en dernier ressort; sous sa seule responsabilité, il réglait un budget de 20 millions. Ses délégués, les inspecteurs des affaires indigènes, étaient à la fois juges et administrateurs; ils réprimaient par la force armée les rébellions qu'ils n'avaient pas su prévenir; ils fixaient l'assiette de l'impôt et étaient chargés de son recouvrement. Vous savez par expérience les inconvénients d'un pareil système, sans doute nécessaire à la première heure, mais qui ne pouvait être continué sans péril, du jour où la pacification générale était devenue un fait accompli.

« Il ne m'a pas paru possible d'accepter la responsabilité d'attributions aussi étendues. J'ai pensé qu'une puissance sans contrôle et sans limite conduisait fatalement ceux qui en étaient investis, quelle que fût la droiture de leurs intentions, à des abus d'autorité, et j'ai demandé au département que notre organisation intérieure reposât sur le grand principe de la séparation des pouvoirs. C'est dans ce but qu'ont été promulgués provisoirement les décrets de 1880 qui enlèvent au gouverneur et aux administrateurs toute attribution judiciaire et chargent la Cour de Saïgon de connaître des appels. Ultérieurement, le décret du 25 mai 1881 a fixé l'organisation de la magistrature, qui ne diffère en rien, quant aux points essentiels, de celui des autres colonies et de la France elle-même.

« L'Administration ne dispose plus de la force armée, par suite de la création d'un régiment de tirailleurs annamites, et la police préventive remplace la répression, au grand profit de la sécurité et de l'ordre public. Le nouveau corps indigène nous a rendu un autre service dont vous apprécierez toute l'importance; nous avons pu dispenser les troupes françaises de monter les factions de jour, et il en est résulté une amélioration sensible dans la santé de nos soldats.

« Un Conseil colonial, composé des représentants de tous les intérêts, a été constitué et investi des pouvoirs financiers les plus étendus. Conformément au vœu que vous aviez exprimé dans votre première session, la désignation de votre président vous est dévolue.

« Les pouvoirs extraordinaires du gouverneur général ont été supprimés, et l'Européen échappe à l'arbitraire. Une législation libérale sur la presse et les réunions publiques a été promulguée.

« Les attributions du Conseil municipal de Saïgon ont été étendues et, pour la première fois, ses membres annamites sont élus par le suffrage universel.

« Comme couronnement, une loi, en date du 28 juillet 1881, a accordé à la Colonie la représentation politique, c'est-à-dire la défense de ses intérêts devant le Parlement.

« Les indigènes ont profité de ces réformes libérales. Les châtiments corporels ont été sévèrement interdits; la cangue et les ceps, qui donnaient à notre répression une apparence de cruauté en contradiction avec nos mœurs, ont été supprimés dans les prisons. Les lois annamites, empreintes d'un véritable caractère de barbarie, ont été remplacées par un Code pénal qui, tout en respectant le statut personnel de nos sujets, les fait bénéficier des dispositions humaines et protectrices de notre Code français. La Chancellerie étudie en ce moment la législation civile qui doit régir les Annamites, et le décret sur l'état des personnes ne tardera pas à paraître.

« Une décision présidentielle supprime la corvée, l'impôt le plus impopulaire et le plus lourd, dernier vestige du servage que nous avions été obligés de conserver.

« La naturalisation est offerte aux indigènes capables de comprendre et de remplir les devoirs de citoyen.

« La situation du personnel européen méritait toute la sollicitude du Gouvernement. Si nos principaux agents avaient des appointements à peu près suffisants et leur avenir assuré, grâce à la Caisse de prévoyance, il n'en était pas de même des employés inférieurs, dont la position malheureuse était vraiment digne de pitié. Un arrêté du gouverneur, en date du 20 août 1879, a supprimé les retenues de solde qui avaient pour conséquence de priver de moyens d'existence ceux qui subissaient ces peines disciplinaires. Des primes ont été accordées pour la connaissance de la langue annamite, et plusieurs de nos agents inférieurs ont ainsi acquis un supplément de traitement de 500 francs et de 1,000 francs. Les décrets de 1881, qui font disparaître de notre organisation administrative des privilèges contraires aux principes d'un gouvernement républicain, ont fixé les appointements minima à 3,500 francs et étendu à tout le personnel le bénéfice du Compte de prévoyance, ainsi que les avantages des congés dont profitaient seuls les administrateurs. A l'avenir, un employé laborieux et de bonne conduite est assuré de se faire une situation convenable et d'emporter, en quittant la Colonie, un pécule qui lui permettra de vivre honorablement.

« Le règlement du budget en piastres et la fixation du mode de conversion du franc donnent satisfaction au personnel métropolitain et colonial; nos agents recevront désormais l'intégralité de leurs appointements.

« Je ne vous parlerai que pour mémoire des établissements publics entrepris et achevés depuis deux années : casernes des troupes européennes et annamites, hôpitaux, direction de l'Intérieur, conduite d'eau de Saïgon, logements dans les arrondissements; tous, sans exception, ont eu pour but d'améliorer la santé publique qui, heureusement, ne laisse plus rien à désirer; peu à peu, la Colonie perd la réputation d'insalubrité qui nuisait à son développement.

« Vous avez tenu, Messieurs, à participer à ce mouvement de rénovation sociale et politique. Comprenant que le plus cher intérêt des Français et des Annamites était de mettre les deux races en communication directe, vous avez, dès votre première session, voté l'exécution de grands travaux : canaux, routes, chemins de fer, et en même temps porté de 500,000 francs à 2 millions les crédits de l'instruction publique. Vous avez ainsi pourvu à la triple circulation des idées, des personnes et des produits, ensemble harmonique dont aucun élément ne peut être distrait sans que les deux autres se trouvent immédiatement enrayés; sans routes, les services publics, la police, la distribution de la justice ne peuvent être assurés; faute de chemins, l'école ne saurait être fréquentée assidûment; si les produits ne s'échangent pas, si les intérêts ne deviennent pas communs, l'instruction n'ayant plus d'utilité pratique ne se développe pas.

« Les indigènes vous ont suivis dans cette voie; sur une simple invitation de l'Administration, ils ont ouvert plus de cinq cents écoles de caractères français. Ce ne sont plus, comme autrefois, les enfants des dâns, recrutés à prix d'argent, qui sont placés dans nos collèges; les notables aujourd'hui s'empressent de nous confier l'éducation de leurs fils. Les progrès accomplis sont déjà si considérables, qu'à partir du 1er janvier prochain, il sera possible de rendre obligatoire dans les actes officiels l'emploi du caractère français; résultat d'une extrême importance, car la communauté d'écriture nous rapproche des Annamites et nous permet de faire pénétrer dans les villages les plus éloignés les imprimés et les lettres, ces grands véhicules de la pensée et de la civilisation.

« Le Conseil a voulu, et je me suis associé de grand cœur à ses vœux, que le premier acte de sa gestion fût un abaissement des impôts; en outre, par une combinaison financière dont le succès a dépassé nos espérances, il a assuré la péréquation des charges publiques et remédié en partie aux souffrances que subissait la classe ouvrière, lorsque les prix élevés du riz sur les marchés étrangers provoquaient une exportation exagérée de nos produits; quoique les taxes des rizières aient été abaissées de près des deux tiers, l'impôt foncier donne un excédent de 250,000 francs sur les produits de 1880.

« Vous avez adopté une législation plus libérale encore que celle des Annamites sur les défrichements, et vous avez en même temps constitué la propriété individuelle dans l'arrondissement de Soctrang.

« Enfin, tenant à ce qu'aucun intermédiaire étranger ne se plaçât entre l'Administration et la population indigène, vous n'avez pas hésité, malgré les facilités de perception que nous donnait la ferme d'opium, à la remplacer par la régie. Cette mesure, la plus importante de celles que vous avez prises, aura des conséquences considérables sur l'avenir de notre Colonie.

« Telle est, dans son ensemble et dans ses principaux éléments, l'œuvre que nous avons entreprise; si parfois des dissentiments se sont produits sur les moyens d'exécution, l'accord le plus parfait n'a cessé de régner parmi nous sur le but à atteindre; tous nous désirons faire participer les indigènes aux bienfaits de notre civilisation.

« Nous ne nous dissimulons pas que nos nouvelles institutions laissent encore à désirer; il faut du temps et la pratique pour les améliorer et les compléter; cependant, comme elles reposent sur les principes éternels de la liberté, elles suffiront aux besoins de l'heure présente et je ne doute pas du succès. Le meilleur moyen de l'atteindre est de veiller avec le plus grand soin à ce que notre organisation administrative ne soit pas faussée à l'origine; elle repose, vous le savez, sur le principe de la séparation des pouvoirs à tous les degrés; il faut donc que les attributions de chacun soient scrupuleusement respectées, autrement les responsabilités se déplaceraient, la confusion pénétrerait dans les services et nous épuiserions nos forces dans des conflits incessants ou des discussions stériles.

« Le rapport de M. le Directeur de l'Intérieur nous fait connaître la situation de la Colonie. Depuis 1879, la tranquillité publique n'a pas été troublée par les rébellions qui, précédemment, se reproduisaient annuellement, à la saison sèche ; aussi avons-nous pu user de clémence vis-à-vis des condamnés, et, pendant toute cette période, aucune exécution capitale n'a eu lieu. M. le Président de la République, que j'ai consulté, estime que l'humanité dans la répression, qui n'exclut pas la fermeté, est le plus sûr moyen de faire disparaître chez le peuple annamite les coutumes sanguinaires.

« L'abondance de la récolte en Chine a assuré un ralentissement dans les exportations de riz; nos Annamites en ont profité pour reconstituer, à des prix exceptionnellement bas, leurs réserves que, l'année dernière, ils avaient eu le tort de vendre, sans se préoccuper de la semence et de la nourriture du dân; le déficit sur les droits de sortie qui en résulte pour le budget sera en partie compensé par la plus-value des autres impôts; nos exportations de marchandises diverses ont pris, par contre, un grand développement pendant le premier semestre de l'exercice; elles ont doublé comparativement à la même période de 1880 (1,700,000 francs au lieu de 800,000 francs). Ce fait mérite d'appeler votre attention, car la prospérité de la Colonie ne saurait être assurée tant qu'une seule céréale représentera les quatre cinquièmes de la production agricole et industrielle.

« Les capitaux français qui, jusqu'ici, n'avaient pas osé se risquer sur notre place paraissent plus confiants dans l'avenir de la Cochinchine, et je suis heureux de vous annoncer que des affaires sérieuses sont à l'étude. Vous n'hésiterez pas à encourager cet esprit d'entreprise dont dépend le développement du pays.

« Vous aurez à délibérer ou à voter sur plusieurs questions très importantes : modification des droits de navigation, élévation de la taxe sur le paddy, diminution de l'impôt sur les salines, création d'une banque foncière et agricole, subvention pour une ligne régulière de paquebots sur Manille et le Japon, logement des employés, création de Conseils d'arrondissement. Ces affaires méritent d'être étudiées par vous, et j'ai la certitude que vous saurez les résoudre au mieux des intérêts de la Colonie.

« L'état des finances est prospère; nous n'avons ni dette, ni emprunt. Malgré deux mauvaises récoltes successives, la Caisse de réserve, qui possédait déjà l'année dernière 6,500,000 francs, a vu son actif porté à 7,124,000 francs, par suite de la liquidation de l'exercice 1880, le dernier que nous ayons eu à administrer. Désormais, ce sera à vous qu'incombera la responsabilité de la gestion financière, et je n'aurai plus qu'à veiller à l'exécution des votes que vous aurez émis en conformité de la législation.

« MESSIEURS,

« Vous tiendrez à honneur de vous montrer dignes de la liberté que vous a donnée la République; vous inspirant des vues du Gouvernement, vous vous efforcerez, par des mesures bienveillantes, de gagner la confiance des indigènes et de nous les attacher par les liens de la reconnaissance et de l'intérêt.

« De leur côté, les Annamites, investis du droit de vote, sachant que leurs délégués peuvent faire connaître à l'Administration et au Conseil colonial leurs vœux, leurs réclamations et leurs besoins, certains de nos intentions paternelles à leur égard, renonceront d'une manière définitive à la rébellion, dont ils étaient les premières victimes; de sujets, ils deviendront citoyens.

« Réunissons, Messieurs, toutes nos forces, toute notre activité, toute notre persévérance, et travaillons ensemble à l'œuvre de civilisation et de progrès qui assurera la prospérité de la Cochinchine, qui accroîtra l'autorité morale et la puissance de la France. »

CHAPITRE IV

Organisation de la justice. Séparation des pouvoirs administratif et judiciaire. — Note du gouverneur sur la distribution de la justice en Cochinchine, depuis la conquête (1859) jusqu'en octobre 1879. — Arrêté du gouverneur créant un tribunal d'appel (6 octobre 1879). — Décret du 7 novembre 1879 sur la répartition des attributions entre les trois administrateurs de chaque arrondissement. — Instructions du ministre des Colonies au sujet du décret du 16 mars 1880, portant application du Code pénal français aux Annamites et aux Asiatiques. — Décret du 3 avril 1880, chargeant une chambre de la Cour de Saïgon de la juridiction d'appel. — Décret organique du 25 mai 1881 sur la justice en Cochinchine. Création des tribunaux de première instance. — Décret du 25 mai 1881 sur les pouvoirs disciplinaires des administrateurs.

NOTE du Gouverneur sur la distribution de la justice en Cochinchine, depuis la conquête (1859) jusqu'au mois d'octobre 1879.

« De tout temps, le premier acte de la conquête a été d'imposer au vaincu le Code pénal du vainqueur, parce que, pour assurer la sécurité, pour faire respecter la domination, il faut être maître de la justice criminelle. Mais le conquérant a toujours maintenu le statut personnel, la législation et la juridiction civiles de ses nouveaux sujets, sachant combien il est dangereux de toucher aux intérêts privés dans un pays dont on ignore la langue, les mœurs, la religion, l'organisation de la famille, la constitution de la propriété; comprenant qu'un peuple ne renoncera jamais à recouvrer son indépendance politique, si, dans les transactions de chaque jour, on lui rappelle par des vexations incessantes, par des actes qui froissent sa conscience, qu'il a perdu la liberté.

« C'est ainsi qu'en Algérie, après cinquante ans d'occupation, nous avons conservé la juridiction des cadis, quoique nous reconnaissions la vénalité et l'incapacité des magistrats musulmans. Nous nous sommes contentés de constituer une chambre d'appel, composée de

Français et d'indigènes; notre intervention directe dans les affaires civiles ne va pas plus loin.

« Dès que nous prîmes possession de la Cochinchine, les fonctionnaires annamites abandonnèrent le pays et se retirèrent près du gouvernement de Tu-Duc. La constante préoccupation de l'amiral Bonnard fut de *les rallier à notre administration* (décision du 1er décembre 1861).

« Il écrivait au ministre de la Marine, à la date du 25 février 1861 :

« Deux systèmes sont en cours d'expérience : l'un qui consiste « dans la substitution des Européens aux autorités annamites; « l'autre, au contraire, qui confie tous les détails de l'administration « à des indigènes, sous la surveillance de l'autorité française. »

« Et le 27 février, en transmettant le mémoire de M. Aubaret, sur l'organisation et l'administration de la Cochinchine :

« L'administration par les indigènes, sous notre haute surveil- « lance, est, à mon avis, la seule manière de résoudre le problème. En « substituant brusquement, pour les détails de l'administration anna- « mite, un grand nombre d'officiers dont la plupart ne connaissent ni « la langue, ni les mœurs du pays, on crée l'anarchie.

. . . .

« La province de Gia-Dinh, dans laquelle ce système a été déve- « loppé, est en proie aux désordres les plus graves.

. . . .

« Quoiqu'il y ait 1,400 hommes employés à ce service dans cette « province, à chaque instant, les tongs et les maires qui recon- « naissent notre autorité sont assassinés jusqu'aux portes de « Saïgon.

« Nos soldats n'arrivent que pour constater les crimes.

. . . .

« *La guerre de brigandage qui est organisée sur une grande échelle* « dans la province de Gia-Dinh est bien plus nuisible à notre domi- « nation que le serait la révolte ouverte d'un mandarin infidèle.

« La répression de ces méfaits ne peut être assurée que par le « concours des gens du pays, par conséquent qu'à la condition de « constituer, sous notre contrôle, des autorités indigènes. L'expé- « rience en voie d'exécution dans la province de Bien-Hoa, nouvelle- « ment conquise, me donne lieu d'espérer que le système exposé « dans le mémoire de M. Aubaret doit donner les meilleurs résul- « tats. »

« Dans son projet de budget (dépêche du 29 mars 1862), il prévoyait les appointements :

« 1° D'une administration supérieure européenne dirigeante;

« 2° D'une administration annamite, chargée de la police et de la justice indigène.

« Le 14 avril suivant, il supprimait les préfectures et sous-préfectures françaises, établies à la première heure, et donnait aux chefs politiques des instructions pour « restaurer l'administration annamite, sous l'autorité française ».

« Le 29 avril 1862, dans une dépêche timbrée : Organisation d'un service judiciaire, il écrivait au ministère :

Tribunaux indigènes.

« Les tribunaux indigènes seraient constitués et la justice rendue « d'après les lois du pays, lorsque les causes auraient lieu seulement « entre Asiatiques.

« Le chef du service judiciaire exercerait aussi une haute surveil- « lance sur l'administration de la justice annamite. Il résulterait de « cette organisation, simple comme cela convient à une colonie puis- « sante, composée d'éléments divers :

« 1° . . . .

« 2° . . . .

« 3° Que les Asiatiques, pour les crimes et délits commis à l'égard « les uns des autres, seraient justiciables des lois et tribunaux anna- « mites tels qu'ils étaient constitués. »

« Dans un rapport d'ensemble du 21 mai 1862, il écrivait au ministre :

« Les tribunaux et les lois asiatiques pour les causes asiatiques; « voilà ce qui convient aux indigènes »; et, dans une circulaire de principe du 31 mai, passant de la théorie à la pratique, traçant le programme de son gouvernement, il disait :

« L'autorité du commandant en chef sur les populations indigènes « s'exerce par des administrateurs indigènes ayant autant que pos- « sible les mêmes attributions que sous le gouvernement annamite.

« Ces fonctionnaires gardent leurs anciennes dénominations de « phu, de huyen, administrent la justice, font la police du terri- « toire.

« Ils remplissent leurs fonctions sous la haute surveillance des

« commandants de province, secondés par un inspecteur des affaires « indigènes. »

« Les instructions générales sur l'organisation provisoire de l'administration des Annamites et des Asiatiques de la province de Gia-Dinh sont conçues dans le même esprit; il insiste particulièrement pour conserver aux phus et huyens toutes les attributions que leur donnaient ces dignités sous le gouvernement annamite.

« Ces citations et tous les actes de l'amiral Bonnard prouvent surabondamment qu'il voulait conserver la législation, la juridiction et même l'administration annamites. Son manifeste à la population des trois provinces de la Cochinchine indique qu'il était, à ce sujet, d'accord avec le gouvernement métropolitain; il s'exprime en ces termes :

« Désirant remplir les intentions bienveillantes de S. M. l'Empe-« reur pour le bonheur de ses nouveaux sujets. »

« Son successeur, l'amiral de la Grandière, semble n'avoir pas partagé les mêmes idées; dans sa proclamation de prise de possession provisoire, le 20 mars 1863, il recommande la paix, la soumission, promet l'amnistie, mais ne prend aucun engagement en ce qui touche les lois et coutumes des indigènes.

« Etant encore intérimaire, le 18 septembre 1863, sous prétexte de réglementer les pouvoirs judiciaires du quan-an de Saïgon et ceux des officiers de l'administration indigène, il renverse tout le régime administratif et judiciaire de son prédécesseur :

« Le quan-an (officier français) jugera les infractions, qualifiées « délits par le Code pénal, commises par des indigènes.

« Le chef de police jugera les contraventions.

« Le quan-an instruit comme officier de police judiciaire et, quand « sa conviction est arrêtée, il adresse un rapport circonstancié à « l'amiral, demandant un ordre portant jugement. L'amiral appré-« ciera s'il doit approuver simplement ou faire juger les accusés par « le Conseil de guerre. »

« Telle est l'origine du pouvoir discrétionnaire du gouverneur.

« Au civil, « le quan-an juge, comme juge de paix, les contesta-« tions pour une valeur moindre de 500 ligatures; il soumettra « l'affaire à l'autorité supérieure, par un rapport, lorsque cette « valeur dépassera 500 ligatures ».

« C'est, en réalité, soumettre une population de 1,500,000 âmes au régime disciplinaire. On dispose de la fortune et de la vie des habitants sur un simple rapport, sans audition de témoins, sans interrogatoire, sans responsabilité de la part du juge; on retire même au prévenu la garantie du Conseil de guerre.

« Cependant, l'amiral de la Grandière ne devait pas ignorer que les propositions de son prédécesseur avaient été acceptées en principe par le ministre.

« Des désordres financiers de la plus haute gravité s'étant produits dans la colonie, l'amiral écrit au département :

« Je ne saurais trop souhaiter de sortir au plus tôt d'une situation « si embarrassée, et, dans le but d'y remédier, au moins en partie, « dès à présent, je prierai Votre Excellence de vouloir bien décider, « sans attendre l'organisation de notre justice en Cochinchine, « l'envoi d'un fonctionnaire pouvant remplir les fonctions de pro- « cureur impérial. C'est un objet de nécessité urgente. »

« M. de Chasseloup-Laubat reconnaît l'opportunité de cette proposition (dépêche du 29 décembre 1863, parvenue le 18 mars 1864) : « C'est en vue d'y satisfaire dans les meilleures conditions, eu égard « à la situation exceptionnelle du pays, que je vous ai transmis, en « vous demandant votre avis, un projet d'organisation judiciaire. »

« Et plus loin : « Quelle que soit la gravité des faits que vous me « révélez, et quelle que soit l'insuffisance de la juridiction actuelle, « il n'est possible d'y remédier que par une institution complète. « C'est donc un motif de plus pour que vous examiniez, dans tous « ses détails, le projet d'organisation judiciaire qui doit mettre fin à « la situation, et que vous m'en fassiez, le plus tôt possible, le renvoi « avec vos observations. »

« Les instructions générales du 20 juin 1864 ne font que confirmer et aggraver celles du 13 septembre ; on reconnaît l'emploi de pénalités corporelles (coups de verge) et même de la torture, lorsque les accusés sont déjà reconnus coupables !!!

« Quelques mois après était promulgué, dans la colonie, le décret du 25 juillet 1864, base de l'organisation judiciaire en Cochinchine; il était conforme aux doctrines de l'amiral Bonnard.

. . . .

« Art. 11. — La loi annamite régit toutes les conventions entre « Asiatiques, ainsi que les crimes et délits desdits Asiatiques.

« Art. 12. — Les tribunaux indigènes, institués par le Code anna- « mite, sont maintenus.

« Art. 14. — Les jugements des tribunaux indigènes portant « condamnation aux fers, à l'exil et à la peine de mort sont, confor« mément à la loi annamite, soumis au gouverneur, qui prononce « en dernier ressort.

« Art. 15. — Tous crimes et délits ayant un caractère politique « ou insurrectionnel pourront être déférés au Conseil de guerre, « sur un ordre du gouverneur. »

« Le gouvernement impérial reconnaissait ainsi aux indigènes le droit de faire régler leurs contestations civiles et d'Etat par des juges de leur race; il allait plus loin : voulant montrer à ses nouveaux sujets une bienveillance particulière, il conservait leur Code pénal, et l'autorité française, dans la personne du gouverneur, se réservait seulement, dans un but d'humanité, de prononcer en dernier ressort pour les condamnations entraînant la peine des fers, de l'exil ou de la mort.

« Les crimes et délits ayant un caractère politique ou insurrectionnel, intéressant notre domination, étaient, par exception, soumis à une juridiction française, celle des Conseils de guerre.

« La dépêche ministérielle du 16 août 1864, transmissive du décret du 25 juillet, insistait d'une manière spéciale sur le maintien de la législation et des tribunaux annamites :

« Pour toutes les affaires, tant au civil qu'au criminel, où les indi« gènes et les Asiatiques seront seuls en cause », disait M. de Chasseloup-Laubat, « la loi annamite conserve son empire, bien entendu « sous le contrôle des inspecteurs et de l'autorité du gouverneur. »

« *In fine* : « Les indigènes trouveront un nouveau gage de notre « bienveillance dans la confirmation *solennelle* de la loi annamite. « Ils verront, dans le décret du 25 juillet, une manifestation devant « laquelle il n'y a plus de doute possible sur la ligne de conduite « que veut tenir le gouvernement de l'Empereur. »

« Le 24 novembre 1864, l'amiral de la Grandière accusait réception de la dépêche du 16 août en ces termes :

« Je me suis empressé de promulguer cet acte dans la colonie, et « je suis heureux de pouvoir dire aujourd'hui, à Votre Excellence, « que l'espoir qu'elle exprimait, en terminant la dépêche précitée, « n'a point été trompé ; Européens et indigènes n'ont pas vu seule« ment dans l'organisation, fondée par un décret, le bénéfice désor« mais assuré du recours à une justice régulière ou un gage nouveau « de notre bienveillance, mais encore et surtout un indice certain de

« la ligne de conduite qu'entend suivre, en Cochinchine, le gouver-
« nement de l'Empereur. »

« Le 16 janvier 1865, le ministre écrivait de sa main :

« Je n'ai pas eu encore le temps d'arrêter des règles simples de
« procédure pour la Cochinchine, mais j'espère y arrriver, comme
« je l'ai fait pour la justice musulmane en Algérie. »

« C'est ce qui explique le laconisme du décret de 1864 ; M. de Chasseloup-Laubat se réservait de préparer un décret comme celui qu'il avait fait rendre, en 1859-1860, sur les tribunaux civils musulmans ; il n'avait posé, dans l'acte colonial de la Cochinchine, que des principes généraux de législation ou de juridiction.

« La lecture de ces diverses citations indique que le ministre et le gouverneur étaient d'accord pour conserver la législation annamite et les tribunaux indigènes, composés d'indigènes, sous le contrôle des inspecteurs et de l'autorité du chef de la colonie. Comment se fait-il que l'engagement pris par la France n'ait pas été tenu ? que les tribunaux indigènes n'aient jamais fonctionné régulièrement depuis 1864 et que même l'intervention des juges annamites ait peu à peu disparu en matières civile et criminelle ?

« Probablement, l'amiral de la Grandière ne s'est pas rendu compte de la portée du décret ; étranger aux questions de jurisprudence (il le reconnaît lui-même dans sa correspondance), il n'en a pas compris l'esprit et a considéré un inspecteur, remplissant les fonctions de quan-bo ou de quan-an, comme un juge indigène, sans même se douter que ce changement de dénomination entraînera, dans l'avenir, une modification complète de la politique de la France dans ses possessions d'Indo-Chine. Combien il est regrettable qu'on lui ait refusé le magistrat dont il sollicitait la nomination pour préparer l'organisation du service judiciaire.

« Imbus des idées anglaises, l'amiral Bonnard et le marquis de Chasseloup-Laubat voulaient fonder une colonie de domination, dans laquelle les agents français n'exerceraient qu'une haute surveillance pour maintenir les populations dans l'obéissance et les chefs dans le devoir.

« En nous chargeant de la distribution de la justice à tous les degrés, nous renversions cette politique, nous étions amenés à nous charger de l'administration du pays.

« De nombreuses considérations expliquent ce changement. A

cette époque, il n'y avait pas, dans la colonie, un seul fonctionnaire connaissant les questions de législation. C'étaient des officiers qui, du jour au lendemain, sans préparation, devaient assurer le service de la justice, dans un pays dont ils ignoraient la langue, les mœurs, la civilisation, sans avoir un texte pour se conduire au milieu d'un dédale de lois, de décrets, d'ordonnances, n'ayant entre eux aucune cohésion, rédigés pour les besoins du jour, écrits en caractères chinois.

« Bien des légistes se seraient trompés, et il ne faut pas blâmer les ouvriers de la première heure; leur tâche était des plus difficiles et ils s'en sont tirés à leur honneur, dans la limite de leur instruction et des moyens dont ils disposaient.

« Du reste, au début de la conquête, les questions de justice étaient peu importantes; nous avions, chaque jour, à lutter contre de nouvelles insurrections; l'exécution sommaire et la loi martiale étaient plus souvent employées que la justice régulière; quant aux affaires civiles, elles étaient peu nombreuses dans un pays troublé où les transactions commerciales étaient arrêtées. Lorsqu'on n'est pas assuré du lendemain, on n'engage pas de procès.

« Pendant les premières années, le gouvernement de la colonie, tout en chargeant l'Administration de rendre la justice à tous les degrés, cherche cependant à conserver le concours des indigènes. L'arrêté du 4 avril 1867, nommant la Commission qui doit recevoir les appels contre les jugements des inspecteurs, en matière de justice annamite, prescrit que deux fonctionnaires indigènes doivent en faire partie.

« La Commission (art. 7) examine les pièces de la procédure et peut recourir à tous les moyens d'instruction qui lui paraissent utiles. Procès-verbal de la délibération est transmis au gouverneur, avec mention du vote de chaque membre. Mais le gouverneur est sur une pente fatale; peu à peu, il se laisse entraîner; sans doute, il trouve que la répression n'est pas assez énergique, car, le 9 octobre suivant, il décide qu'il se réserve d'approuver directement les jugements, lorsque la culpabilité des accusés lui paraîtra suffisamment démontrée; l'avis de la Commission d'appel lui semble suspect; les Conseils de guerre ne lui suffisent plus. En première instance, les administrateurs reconnaissant qu'ils ne peuvent pas compter sur l'impartialité et la probité des assesseurs ou des juges inférieurs, arrivent, peu à peu, à se passer de leur concours et à absorber toutes les fonctions qui, dans la loi annamite, étaient confiées à plusieurs juridictions.

« Par une pente insensible et involontairement, on en arriva à substituer à la justice le pouvoir disciplinaire ; il n'y a plus qu'un juge, le gouverneur, qui prononce en dernier ressort sur toutes les affaires civiles dont l'intérêt sera supérieur à 150 francs, sur toutes les affaires pénales entraînant condamnation à un mois de prison et plus. (Arrêté du 29 septembre 1869.)

« Cette centralisation excessive, qui forçait d'épuiser toutes les juridictions, depuis le tribunal des notables jusqu'à celui du gouverneur, en passant par les thongs, les huyens, les phus, les administrateurs (et encore pouvait-on en appeler de la sentence du gouverneur au gouverneur mieux informé), était désastreuse pour les affaires commerciales ; et il fallut y remédier pour la ville de Cholon, où de grands intérêts chinois étaient en cause. L'arrêté du 14 mai 1872 constitua, pour cette ville, un tribunal composé de l'administrateur et de deux juges asiatiques, connaissant en dernier ressort des contestations dont le principal n'excédera pas 1,500 francs.

« Le 19 novembre, l'amiral Dupré reconstitua la Commission d'appel dans les pouvoirs que lui conférait l'arrêté du 4 avril 1867. Il renonce à prononcer des jugements sans avoir pris préalablement son avis.

« L'amiral Duperré rapporte cet arrêté le 31 décembre 1875 ; il se réserve le droit d'approuver les jugements criminels sans prendre l'avis de la Commission d'appel. Pour la première fois, il prend la qualité et la dénomination de juge souverain.

« Le 12 octobre, l'organisation judiciaire de la ville de Cholon est étendue à toute la colonie ; les administrateurs, assistés de deux juges asiatiques, connaîtront, en matière civile, en dernier ressort, des contestations dont le principal n'excédera pas 1,500 francs.

« Les jugements seront rendus au nom du gouverneur.

« Le 20 novembre 1877, on faisait signer à l'amiral Lafont, à peine entré en fonctions, l'arrêté se proposant de condenser en un corps d'instruction aux tribunaux indigènes les règles de procédure tracées par les lois annamites.

« L'article 5 mérite d'être cité en entier :

« Les pouvoirs judiciaires, en ce qui regarde les indigènes ou « Asiatiques justiciables des tribunaux indigènes, résident entre les

« mains du gouverneur, juge suprême (article 16 du décret du
« 25 juillet 1864 et article 11 de l'arrêté du 31 décembre 1875); tou-
« tefois, en vue de procurer aux populations facile et prompte jus-
« tice, le gouverneur a délégué partie de ses pouvoirs à des magis-
« trats et fonctionnaires dans les conditions ci-après :

« La justice est rendue au nom du gouverneur, seule origine de
« tous pouvoirs, qui veut bien en déléguer quelque partie. »

« L'ancienne hiérarchie des juridictions de conciliation est maintenue; les auteurs de l'arrêté ne se rendent pas compte qu'ils compliquent ainsi à loisir les formalités et entravent l'action de la justice.

« L'arrêté de 1875 avait constitué un semblant de tribunal indigène composé de l'administrateur et de deux juges indigènes; les articles 9 et 11 scindent la question : le premier administrateur est compétent, en dernier ressort, pour les contributions inférieures à 500 francs; de 500 francs à 1,500 francs, il doit être assisté de deux juges.

« Il est impossible d'expliquer cette décision qui, dans la pratique, entraîne la suppression du tribunal mixte.

« L'article 19 va plus loin; il correctionnalise tous les procès civils, sous prétexte que dans une affaire civile la partie condamnée est coupable d'avoir voulu tromper le juge.

« Il introduit dans les actes judiciaires un nouvel idiome, le chunom, de sorte que les administrateurs-juges sont obligés de se servir :

« Du français;

« Du quoc-ngu;

« Des caractères chinois;

« Du chu-nom;

« Du cambodgien.

« Enfin, les prescriptions des arrêtés de 1867 et de 1875 permettant au gouverneur de prononcer en dernier ressort, sans avis préalable de la Commission, ne sont pas rapportées.

« Cela ne suffit pas encore; un arrêté du 25 mai 1878 retire aux Annamites juges la voix délibérative, sous le prétexte que l'expérience a démontré que les Asiatiques ne possèdent pas encore la connaissance du Code et l'esprit juridique.

« C'est le couronnement de l'édifice. Comme nous l'avons déjà dit, il n'y a plus de juges; au civil comme au criminel, l'administrateur, représentant du pouvoir exécutif, applique des peines et soumet les décisions à l'approbation du gouverneur.

« A mesure que les difficultés s'accroissent, au lieu de chercher à revenir aux véritables principes, on centralise de plus en plus, on écarte toute intervention même des inférieurs, car une désapprobation tacite devient gênante, et le désordre est si grand qu'on la redoute comme une difficulté de plus.

« C'est ainsi qu'une circulaire enlève au troisième administrateur le pouvoir de juger en simple police.

« Le nombre des affaires civiles s'accroissant chaque jour, le premier administrateur ne peut plus suffire à sa tâche et, ne voulant pas déléguer une partie de ses fonctions à ses coopérateurs européens, il se voit obligé de s'en rapporter aux interprètes, aux lettrés, aux huyens, qui rançonnent la population sous le couvert du nom français ; une des victimes vient-elle à se plaindre, elle est poursuivie pour dénonciation calomnieuse, et on ne saurait demander à l'administrateur de reconnaître qu'il a pu être trompé par son entourage.

« Partout, les mêmes faits se représentent; partout, la vénalité et la prévarication ont pénétré dans l'administration de la justice; les fréquentes condamnations prononcées contre les lettrés attachés aux tribunaux prouvent la profondeur et la gravité du mal.

« Quelques jugements rendus par un administrateur témoignent des actes de cruauté auxquels, sous un climat meurtrier, peuvent se laisser entraîner des jeunes gens abandonnés à leurs propres inspirations et disposant d'un pouvoir absolu en matière de répression :

1°

« 20 avril.

« Monsieur le Directeur,

« J'ai l'honneur de vous envoyer ci-joint le jugement concernant « les rebelles déjà fusillés, lequel, par erreur, avait été envoyé au « chef de la justice indigène qui me l'a renvoyé ce matin.

« Jugement du 15 avril, approuvé par le gouverneur (sans date).

« X... »

« Saïgon, le 23 avril.

« Monsieur l'Administrateur,

« J'ai l'honneur de vous retourner ci-joint une expédition du « jugement administratif concernant 49 rebelles fusillés à ...

« Le Directeur de l'Intérieur. »

« La condamnation est postérieure à l'exécution.

2°

« 18 mai.

« MONSIEUR LE GOUVERNEUR,

« J'ai l'honneur de vous transmettre ci-joint le jugement du chef « de canton Tumez, du chef des rebelles Dung et du nommé Sat, « tous trois exécutés à Lang-tié, le 15 de ce mois.

« X... »

« Le jugement est approuvé (sans date).

3°

« 18 mai.

« MONSIEUR LE GOUVERNEUR,

« J'ai l'honneur de soumettre à votre approbation le jugement « condamnant le nommé Tu, qui, pris hier matin, a été exécuté hier « soir, à 4 h. 1/2.

Jugement.

« Attendu que le prévenu avoue avoir déjà été huyen de rebelles « et avoir fait sa soumission à Saïgon, et qu'il avoue également avoir « reçu des mains de Huan un bang kap de phu qu'il a caché sur le « sommet d'un arbre;

« Attendu que quand on l'a arrêté à Huong-Dinh, en se défendant « il a déchiré l'habillement d'un des notables;

« Attendu qu'il ne veut faire aucun aveu compromettant d'autres « personnes, le déclarons coupable de rébellion et le condamnons « à la peine de mort.

« Approuvé :

« LE GOUVERNEUR. »

4°

Jugement du 24 mai.

« Attendu que ces deux derniers accusés sont lettrés et que Mes- « sieurs les lettrés ont été l'âme de la rébellion et le seront encore « longtemps;

« Considérant que les trois accusés se sont présentés pour faire « leur soumission, mais seulement deux jours après l'exécution de « Huan, et que, d'après *leur physique*, ils paraissent être nés pour

« la piraterie et la rébellion, et qu'ils n'ont fait que des aveux in-
« complets;

« Les déclarons coupables de rébellion, etc., etc., et les condam-
« nons tous les trois à la décapitation et demandons que leur peine
« soit commuée en celle de dix ans de détention à Poulo-Condore.

« X...

« Approuvé le présent jugement sans commutation de peine; pro-
« céder immédiatement à l'exécution.

« LE GOUVERNEUR. »

5°

« 3 juin.

« MONSIEUR LE GOUVERNEUR,

« J'ai l'honneur de soumettre à votre approbation le jugement
« concernant Tuen-Phu. Un des rebelles, Lam-le, son frère le doc-
« binh, a été exécuté, il y a quatre jours, à Duong-Xuand; je crois
« que Lam-le pourrait être exécuté à ...

« J'ai été obligé de faire donner quelques coups de rotin à Lam-le
« pour lui arracher quelque chose. Sa première version était qu'il
« ne connaissait rien et qu'il avait tout oublié.

« X...

« Le jugement approuvé.

« LE GOUVERNEUR. »

6°

Jugement du 30 juin.

« Condamnant quatre rebelles à la décapitation et six à la détention.

« Le gouverneur condamne tous les accusés à la décapitation avec
« confiscation de leurs biens; commue la peine capitale en celle de
« dix années d'exil en ce qui concerne Vovi et Hai.

« LE GOUVERNEUR. »

7°

« 23 juillet.

« *Administrateur de ... à Monsieur le Directeur de l'Intérieur.*

« Le doc-binh Khanh, dit Kiet, arrivé ce matin de Mytho, a été
« jugé et condamné à mort. Le gouverneur a approuvé le jugement
« par télégramme, Khanh a été exécuté. »

« M. X..., atteint d'une dysenterie violente dont il mourut, rendait ses arrêts sur sa chaise percée et s'imaginait remplir un devoir en se montrant impitoyable.

« Toute la responsabilité de ces excès incombe au département, qui aurait dû limiter les pouvoirs de ses délégués et doter la colonie d'une organisation judiciaire quelconque. »

« Le gouverneur de la Cochinchine française (6 octobre 1879),

« Vu . . . .

« Attendu qu'il est du devoir du gouverneur d'assurer aux indigènes les garanties d'une juridiction d'appel pour la réforme des jugements en première instance et de cassation, pour l'annulation des jugements en dernier ressort rendus en violation de la loi;

« Attendu qu'il est nécessaire d'établir un tribunal supérieur, chargé de maintenir la stricte application de la loi et de fixer l'uniformité dans la jurisprudence des tribunaux indigènes;

« Attendu que le droit d'appel est consacré dans la législation annamite, aussi bien que dans toutes les législations criminelles régulièrement établies; que le Code indigène a défini, notamment dans les articles 261, décret 14, 362, 375, 376, les attributions dévolues au tribunal d'appel siégeant à la capitale, sous le titre : *Tribunal des règles*, en matière de réformation ou de cassation des jugements rendus par les tribunaux inférieurs;

« Sur le rapport du directeur de l'Intérieur et l'avis du procureur général;

« Arrête :

« Article premier. — Un tribunal supérieur des affaires indigènes est créé à Saïgon;

« Il est composé de :

« Un inspecteur ou, à défaut, un administrateur des affaires indigènes, président;

« Un magistrat du service judiciaire, nommé par le gouverneur, sur la désignation du procureur général, membre;

« Un inspecteur ou administrateur des affaires indigènes, membre;

« Et deux assesseurs indigènes ou asiatiques.

« Art. 2. — Ce tribunal connaît de tous les jugements, tant en matière civile et commerciale qu'en matière criminelle et correctionnelle, rendus en premier ressort par les tribunaux inférieurs et dont il est fait appel, soit par les parties intéressées, soit par la partie civile ou le chef des affaires indigènes.

« Les sentences sont définitives; toutefois, les jugements en matière criminelle entraînant les peines des fers, de l'exil ou de la mort, continueront à être soumises au gouverneur, qui prononce comme juge souverain, conformément aux dispositions du décret du 25 juillet 1864, susvisé.

« Tout condamné à la peine capitale aura droit au sursis et recours en grâce au Président de la République. Sa peine ne pourra être exécutée qu'après le rejet de sa demande.

« Art. 3. — Le tribunal supérieur connaît également, par analogie avec le tribunal des règles, des recours en cassation formés contre les jugements rendus en dernier ressort par les tribunaux de première instance, pour incompétence, excès de pouvoirs ou violation de la loi.

« Si le jugement est annulé pour cause d'incompétence, le tribunal supérieur renverra la cause devant le tribunal qui devra en connaître.

« Si le jugement est annulé pour violation des formes substantielles de la loi, la connaissance de l'affaire sera renvoyée, par désignation spéciale, à l'un des tribunaux voisins de celui qui aura rendu la sentence annulée, lequel sera tenu d'en connaître.

« Lorsque le jugement sera annulé parce que le fait qui aura donné lieu à une condamnation se trouvera n'être pas un délit qualifié par la loi, le renvoi, s'il y a une partie civile, sera porté devant le tribunal qui aura connu en premier lieu de l'affaire; s'il n'y a pas de partie civile, aucun renvoi ne sera prononcé.

« Si le jugement a été annulé pour avoir prononcé une peine autre que celle que la loi applique au fait incriminé, le tribunal supérieur retiendra l'affaire et rendra son jugement sur la déclaration de culpabilité faite par le premier juge, en prononçant la peine édictée par la loi.

« Le tribunal supérieur n'annulera qu'une partie du jugement, lorsque sa nullité ne vise qu'une ou quelques-unes de ses dispositions.

« Art. 4. — En matière civile, l'appelant qui succombe sera condamné à une amende de 10 francs qu'il devra consigner à l'avance.

« Tout recours en cassation donnera lieu à la consignation d'une amende de 100 francs.

« Art. 5. — Les formes de la procédure, les débats, la fixation des jours et des heures des audiences, leur tenue et leur police, demeurent tels que les ont établis le décret du 25 juillet 1864 et les arrêtés locaux en vigueur.

« Les défenseurs institués près des cours et tribunaux français par le décret précité sont admis à défendre les accusés et prévenus, dans toute cause criminelle ou correctionnelle, devant le tribunal supérieur.

« Dans les affaires civiles, les parties peuvent déposer des conclusions ou notes signées de toute personne prise comme conseil.

« Art. 6. — Le chef de la justice indigène remplit auprès du tribunal supérieur les fonctions du ministère public.

« En cas d'absence ou d'empêchement, il est suppléé par son substitut.

« Art. 7. — La Commission installée à Saïgon par l'arrêté du 21 décembre 1875, pour la revision des jugements rendus par les tribunaux indigènes, est supprimée.

« Art. 8. — Sont et demeurent abrogées toutes les dispositions contraires au présent arrêté.

« Art. 9. — Le directeur de l'Intérieur, le procureur général et le chef de la justice indigène sont chargés, chacun en ce qui le concerne, de l'exécution du présent arrêté.

« Saïgon, le 6 octobre 1879.

« Le Gouverneur.

« *Le Procureur général,*
« Poignand.

« *Le Directeur de l'Intérieur,*
« Béliard. »

Paris, le 18 novembre 1879.

« Monsieur le Gouverneur,

« Conformément à votre proposition, et pour faire un pas de plus dans la voie des principes généralement admis, je me suis occupé de faire disparaître l'anomalie qui consistait à réunir entre les mains du premier administrateur des affaires indigènes, dans chacune des circonscriptions, les fonctions administratives et judiciaires.

« J'ai, en conséquence, soumis à la signature du Président de la République le décret dont copie est ci-jointe.

« Ainsi que vous le verrez par la lecture du rapport qui précède, ce décret en fait ressortir l'économie, cet acte consacre le droit du gouverneur de répartir, par arrêté en Conseil privé, les attributions administratives entre les administrateurs des diverses classes, en raison des besoins du service.

« Vous pourrez, de la sorte, confier à chaque administrateur, sans tenir compte de la classe à laquelle il appartient, les fonctions auxquelles il semblera le plus apte.

« Le deuxième administrateur (ce qui ne veut pas dire l'administrateur de 2ᵉ classe) sera spécialement chargé de la justice et placé dans des conditions d'indépendance et de stabilité qui conviennent au magistrat.

« Les fonctions de ministère public seront exercées, sous les ordres du premier administrateur, par un fonctionnaire dénommé qui ne devra pas être placé dans des conditions hiérarchiques lui donnant le pas sur l'administrateur chargé de la justice.

« Ce décret ne diffère que sur ce seul point du projet que vous m'aviez soumis. J'ai lieu d'espérer qu'il donnera toute satisfaction aux besoins du service et constituera un progrès utile dans le sens d'une saine administration du pays.

« Recevez, etc.....

« *Le Ministre de la Marine et des Colonies,*

« JAURÉGUIBERRY. »

RAPPORT au Président de la République française.

« Paris, le 7 novembre 1879.

« MONSIEUR LE PRÉSIDENT,

« Le décret du 2 juin 1876, qui a introduit d'importantes modifications dans l'organisation du service des affaires indigènes de Cochinchine, établie par le décret du 10 février 1873, a réuni entre les mains du premier administrateur de chaque circonscription des attributions qui me paraissent constituer une regrettable confusion. Ce fonctionnaire est, en effet, chargé à la fois de l'administration supérieure et de la distribution de la justice, tant à l'égard des Européens qu'à l'égard des indigènes.

« La saine doctrine autant que l'expérience démontrent la nécessité de faire disparaître cette anomalie, au moment surtout où nous nous préoccupons de doter cette colonie d'institutions plus en rapport avec les progrès accomplis dans les hommes et dans les choses, après vingt et une années d'occupation. Ce résultat peut être facilement obtenu par la dévolution au deuxième administrateur des fonctions judiciaires, et par la désignation, pour remplir l'office de ministère public, d'un fonctionnaire ou agent de l'Inspection, agissant sous la surveillance du premier administrateur.

« Enfin, je crois nécessaire, pour assurer à la fois à cet important service un fonctionnement régulier et toute l'élasticité nécessaire, de laisser au gouverneur, en Conseil, le soin de déterminer, en dehors de l'attribution judiciaire, les fonctions de chacun des administrateurs, d'après leurs capacités et suivant les besoins, en tenant compte dans une juste mesure de leur classe et de leur rang d'ancienneté.

« Cette double disposition constituera, dans ma pensée, un acheminement nouveau vers le régime de droit commun, auquel nous devons tendre sans cesse dans le pays définitivement soumis à notre souveraineté.

« Si vous voulez bien vous associer à ces propositions, j'ai l'honneur de vous prier de revêtir de votre signature le projet de décret ci-joint, destiné à les consacrer.

« Je vous prie d'agréer, etc.....

« *Le Ministre de la Marine et des Colonies,*

« JAURÉGUIBERRY. »

RAPPORT au Gouverneur, en Conseil privé.

« Par une dépêche en date du 18 novembre 1879, arrivée dans la colonie le 1er janvier courant, M. le Ministre a notifié le décret du 9 novembre 1879 qui abroge les articles 2 et 3 du décret du 2 juin 1876, sur le service des affaires indigènes en Cochinchine, et charge le gouverneur, en Conseil privé, de répartir entre les administrateurs, suivant les besoins du service, les diverses attributions qui leur sont dévolues.

« Cette mesure, qui a été prise sur la demande de M. le Gouverneur, constitue un progrès très considérable.

« Elle nous fait faire un grand pas vers l'organisation régulière et définitive, dont les principes sont indiqués dans l'exposé des motifs et la dépêche ministérielle qui accompagnait le décret.

« En enlevant les pouvoirs judiciaires aux premiers administrateurs, elle rend ces fonctionnaires à leur véritable rôle et leur permet de s'occuper, d'une manière suivie et efficace, de l'administration générale du pays, à laquelle un travail écrasant ne leur laissait pas toujours la possibilité de consacrer un temps suffisant.

« Dans la rédaction des projets d'arrêtés ci-joints, on s'est attaché à placer, autant que possible, à la justice, soit comme juges, soit comme ministère public, des licenciés en droit, en utilisant les secrétaires de la direction de l'Intérieur pourvus de ce titre.

« La séparation des pouvoirs administratif et judiciaire ne répondrait pas entièrement à l'esprit du décret du 7 novembre, si elle n'était accompagnée de la séparation des attributions financières. C'est pourquoi il a paru nécessaire de confier partout l'assiette de l'impôt et sa perception à deux fonctionnaires différents.

« Cette mesure ne présente pas de difficulté dans les arrondissements où il existe trois administrateurs et un préposé-payeur; mais, pour les autres, il a fallu charger de l'établissement des rôles les premiers administrateurs, qui restent ainsi agents d'exécution en même temps qu'agents de direction.

« Il a même paru nécessaire, vu l'insuffisance du personnel, de charger un premier commis de la direction de l'Intérieur des fonctions de percepteur à Roch-Gia. Je ne pense pas qu'il puisse en résulter le moindre inconvénient. L'employé désigné pour ce poste est un bon comptable, parfaitement capable de tenir une caisse, et son compte de prévoyance pourrait, au besoin, répondre de sa gestion.

« Il est bien entendu que cette spécialisation d'attributions et de responsabilités maintient aux premiers administrateurs la haute direction des services, comme cela est nécessaire dans un pays qui ne possède pas encore des institutions définitives.

« En résumé, j'ai l'honneur de proposer à M. le Gouverneur de vouloir bien revêtir de son approbation, en Conseil privé, les projets d'arrêtés dont la désignation suit, savoir :

« 1° Désignation des fonctionnaires chargés de la justice dans les arrondissements ;

« 2° Désignation des fonctionnaires chargés de la caisse ;

« 3° Désignation des fonctionnaires chargés de l'assiette de l'impôt ;

« 4° Allocation d'une indemnité de caisse de 50 francs par mois à M. Manquat, premier commis, faisant fonctions de percepteur à Roch-Gia.

« Saïgon, le 13 janvier 1880.

« *Le Directeur de l'Intérieur*,

« BÉLIARD. »

Ces quatre arrêtés furent approuvés, dans la séance du Conseil privé, en date du 14 janvier 1880.

INSTRUCTIONS relatives au décret du 16 mars 1880, portant application du Code pénal français aux Annamites et aux Asiatiques étrangers.

« Paris, le 10 mars 1880.

« MONSIEUR LE GOUVERNEUR,

« Vous trouverez au *Journal officiel* du 18 de ce mois le décret du 16 mars courant, rendu sur ma proposition, et portant application aux Annamites et aux Asiatiques étrangers du Code pénal français, sauf certaines modifications nécessitées par la situation particulière de ces populations.

« Je vous prie de promulguer cet acte dans la colonie.

« L'article premier pose le principe de l'application du Code pénal métropolitain.

« L'article 2 énumère les articles de ce code que les mœurs locales ou la situation de la famille annamite ne permettent pas d'appliquer. Je n'ai modifié sur ce point vos propositions qu'en maintenant le § 4 de l'article 386, punissant le vol commis par les aubergistes, hôteliers et voituriers qui auront détourné tout ou partie des objets à eux confiés.

« D'autre part, j'ai pensé comme vous que l'on pouvait provisoirement supprimer pour le vol la circonstance aggravante de l'effraction, afin de tenir compte de la différence fondamentale qui existe à cet égard entre la législation française et la législation annamite. J'espère qu'avec le temps on pourra faire pénétrer dans l'esprit des populations la notion des circonstances aggravantes, d'après lesquelles la loi française a échelonné les peines, et que, dès lors, il sera possible de rentrer dans le droit commun en cette matière.

« L'article 3 énonce les articles qu'il s'agit de modifier en raison soit des mœurs et des règles constitutives de la famille annamite, soit de la nécessité de ménager, en ce qui touche la répression du vol, une transition entre la loi annamite et la loi française. Les articles 20, 71 et 355 méritent particulièrement de fixer votre attention.

« La modification que vous avez introduite dans le texte de l'article 20 consiste en ce que l'individu condamné à la détention est renfermé dans un des établissements pénitentiaires de la colonie et qu'il est assujetti aux règlements intérieurs concernant la police de ces établissements. Sans doute, en l'absence de forteresses pouvant servir de lieu de détention dans les conditions prévues par la loi française, les condamnés à cette peine devront être enfermés dans un établissement pénitentiaire; mais, en disant que les condamnés seront assujettis au règlement intérieur de l'établissement, vous vous êtes servi d'une formule qui peut prêter à l'ambiguïté et faire perdre son véritable caractère à la détention, peine essentiellement politique. La rédaction du décret ne s'écarte du texte métropolitain que dans l'injonction de séparer absolument les détentionnaires des condamnés de droit commun.

« En modifiant l'article 71, vous avez perdu de vue que l'article 70 privait non seulement des peines de droit commun, telles que les travaux forcés, mais encore une peine politique, celle de la déportation. Pour rester fidèle au principe de la division de ces peines, le décret conserve le texte de l'article métropolitain qui substitue, pour les sexagénaires, la peine de la détention à celle de la déportation.

« L'article 355 applique la peine des travaux forcés à temps en cas de détournement d'une fille mineure de seize ans accomplis. J'ai pensé que, dans un pays où la femme atteint rapidement l'état nubile, il serait trop rigoureux d'appliquer cette disposition du Code, surtout si l'on considère que l'article 356 prononce la peine des travaux forcés à temps, même au cas où la fille mineure de seize ans aura volontairement suivi son ravisseur.

« Pour ces motifs, le décret modifie cet article, en fixant la limite d'âge à quatorze ans.

« J'appelle surtout votre attention sur l'article 4, qui laisse subsister, dans certains cas, des peines annamites. Bien que cette disposition déroge à notre principe d'assimilation pénale, je l'ai maintenu provisoirement, parce que mon département n'est pas suffisamment fixé sur ces infractions spéciales pour établir un rapport exact entre elles et les peines du droit français qu'il conviendrait de leur appliquer. Je vous prie, dès lors, de donner des ordres pour qu'une classification de ces infractions et des peines applicables soit faite sans retard; ce travail devra servir de base à un projet de décret pour la substitution des peines françaises à toutes les infractions de cette catégorie et qui ne sont pas prévues dans le Code pénal métropolitain.

« Je vous prie de me rendre compte des mesures que vous aurez prescrites en exécution de la présente dépêche.

« Recevez, etc.....

« *Le Ministre de la Marine et des Colonies,*

« JAURÉGUIBERRY. »

(Décret du 16 mars 1880.)

« Saïgon, le 26 avril 1880.

« MONSIEUR L'ADMINISTRATEUR,

« Le numéro 54 du *Journal officiel* de la colonie vous a fait connaître que, par décret en date du 16 mars dernier, rendu sur le rapport du ministre de la Marine et des Colonies et du garde des Sceaux, le Président de la République a prescrit, en Cochinchine, l'application des dispositions du Code pénal métropolitain en ce qui concerne les crimes et délits commis par les indigènes ou Asiatiques, sous les modifications apportées aux articles 13, 17, 29, 32, 35, 44, 70, 71, 75, 110, 115, 116, 117, 153, 154, 194, 273, 339, 340, 344, 346, 347, 355, 356, 380, 381, 385, 386, §§ 1, 2, 3, 390, 391, 392, 393, 394, 395, 396, 398, 399.

« Ainsi que vous le remarquerez, les prescriptions comprises dans cet important décret n'atteignent pas seulement la loi pénale indigène, mais encore les arrêtés locaux : le règlement sur l'état civil, par exemple.

« Une Commission a été nommée par M. le Gouverneur pour

assurer la traduction et la publication du Code pénal en langue annamite, à un nombre tel d'exemplaires qu'on le puisse répandre partout et arriver à ce que la connaissance des lois par les justiciables ne soit pas une fiction. Mais, en attendant, vous n'en devez pas moins, à partir du jour où le décret est tenu pour promulgué dans votre ressort (art. 109 de l'arrêté du 20 novembre 1877), arrêter toute application des dispositions pénales du Code annamite et leur substituer celles de notre Code métropolitain, sous bénéfice des prescriptions de l'article 109 précité, touchant les faits antérieurs à la promulgation. Cette substitution ne présente pas, du reste, le moindre inconvénient, puisqu'elle est déjà opérée, du moins en ce qui regarde les pénalités, en fait depuis les premiers jours de l'occupation française, et en droit depuis le 24 mai 1877.

« Je vous recommande de vous inspirer, dans l'application de cette législation pénale, des instructions ministérielles, en date du 10 mars 1880, qui précèdent le décret, lesquelles établissent ce principe essentiel que le législateur a entendu respecter les mœurs locales et notamment la constitution de la famille, autant qu'elles sont compatibles avec les nécessités sociales, les progrès accomplis et les aspirations des populations.

« Dans tous les cas non prévus par le Code métropolitain modifié et qui constituent des actes réprouvés par la loi, les règlements, les coutumes annamites, et punis par le Code indigène, vous continuerez à appliquer les dispositions édictées par ce dernier, jusqu'à nouvelle réglementation. Je n'ai pas besoin d'ajouter qu'en aucun cas il ne peut être infligé aucune peine autre que les peines françaises.

« Rien n'est changé dans les formes de la procédure.

« Agréez, Monsieur l'Administrateur, etc.....

« *Le Chef de la Justice indigène,*

« Approuvé : « SILVESTRE.

« LE GOUVERNEUR. »

RAPPORT au Président de la République française.

« Paris, le 3 avril 1880.

« MONSIEUR LE PRÉSIDENT,

« L'article 13, § 2, du décret du 25 juillet 1864, portant organisation de l'administration de la justice en Cochinchine, a investi les administrateurs des affaires indigènes, dans les provinces, de la connaissance des affaires civiles et criminelles intéressant les Annamites; le statut personnel de ces derniers étant respecté, les fonctionnaires, successeurs, pour ainsi dire, de l'administration antérieure à la conquête, doivent se conformer dans leurs décisions aux prescriptions de la loi annamite. Leurs arrêts ne sont attaquables que devant le gouverneur, investi à cet égard des pouvoirs appartenant aux anciens souverains du pays et ayant exclusivement le droit de faire grâce (art. 16 du décret du 25 juin 1864).

« Ces dispositions, prises au lendemain de la conquête et qui confondent les attributions judiciaires et administratives, étaient justifiées à cette époque par notre situation dans le pays : il importait en effet de maintenir à l'autorité locale la puissance nécessaire pour réprimer rigoureusement les tentatives de révolte et les crimes de piraterie. D'autre part, il eût été dangereux de rompre trop brusquement avec les habitudes des indigènes, accoutumés à porter leurs contestations devant le chef de la province. Le temps, en faisant connaître peu à peu à la population annamite les principes de notre civilisation, l'a mise à même d'apprécier les formes tutélaires de notre justice et d'en souhaiter l'application à son profit.

« Le moment me semble venu d'introduire nos formes judiciaires dans l'administration de la justice indigène, de manière à retirer aux décisions des juges le caractère arbitraire qu'on peut leur reprocher, sans toutefois enlever aux Annamites le droit d'être jugés d'après leurs lois particulières.

« Déjà, un premier pas a été fait dans cette voie; le décret du 7 novembre 1879, en décidant que les fonctions judiciaires seraient exercées, non pas comme autrefois par le chef de l'arrondissement, mais par un administrateur exclusivement affecté au service de la justice, a posé le principe de la séparation des pouvoirs administratif et judiciaire. Pour compléter cette réforme, il convient de substituer à la jurisprudence gracieuse d'un gouverneur une juridiction d'appel, chargée de connaître des jugements rendus par les tribunaux indigènes.

« Guidé par cette pensée, M. le Gouverneur de la Cochinchine a pris, à la date du 6 octobre dernier, un arrêté portant organisation d'un tribunal supérieur indigène. Cet acte, bien que constituant une amélioration par rapport à l'état antérieur, a l'inconvénient de maintenir dans la colonie deux juridictions entre lesquelles les conflits ne tarderaient pas à naître, et de tenir éloignés de la justice française et de son influence civilisatrice nos sujets de l'Extrême-Orient.

« J'estime qu'il serait plus conforme à l'esprit de progrès d'attribuer à la Cour de Saïgon la connaissance des appels en matière indigène, conformément à la règle suivie à cet égard en Algérie et dans nos possessions de l'Inde et du Sénégal.

« Le projet de décret que j'ai l'honneur de soumettre à votre signature a été préparé dans ce sens.

« L'article premier décide que la Cour de Saïgon comprendra deux chambres entre lesquelles les affaires seront réparties par le président de la Cour, ainsi que cela se pratique dans la métropole. Toutefois, des considérations particulières et la nécessité d'éclairer, à ses débuts, la magistrature sur des points de droit indigène m'ont déterminé à leur adjoindre provisoirement des juges spéciaux ayant fait une étude particulière de la législation annamite.

« J'ai été naturellement amené à confier au procureur général l'exercice de l'action criminelle dans toute la colonie : du moment que la Cour se trouve saisie de l'appel des jugements rendus par les tribunaux indigènes, il est naturel que son parquet ait la haute direction du service judiciaire dans tous les degrés de juridiction de notre possession de Cochinchine.

« Les articles 3, 4, 5, 6, 7 traitent des différentes procédures qui pourront être portées devant la Cour, soit en appel, soit en annulation, soit en règlement des juges. Sur ce dernier point, une innovation a été introduite, qui consiste à donner à la Cour le droit de régler, de juger en cas de conflit entre les tribunaux indigènes entre eux, ou entre les tribunaux indigènes et les tribunaux français.

« Enfin, j'ai pensé qu'il n'était plus nécessaire de conserver au gouverneur le droit de grâce ou de commutation en matière indigène et qu'il convenait d'appeler, dès à présent, les Annamites à bénéficier des dispositions qui protègent à cet égard les Européens.

« Telles sont, Monsieur le Président, les dispositions essentielles du décret que, d'accord avec M. le Garde des Sceaux, j'ai l'honneur de présenter à votre signature.

« Je vous prie, etc.....

« *Le Ministre de la Marine et des Colonies,*

« JAURÉGUIBERRY. »

DÉCRET organique du 25 mai 1881 sur la justice en Cochinchine.

Rapport au Président de la République.

« Paris, le 25 mai 1881.

« MONSIEUR LE PRÉSIDENT,

« Le décret du 25 juillet 1864, organique de la justice dans les possessions françaises de Cochinchine, a institué des tribunaux français à Saïgon pour connaître des affaires civiles et commerciales entre Européens et Asiatiques, ainsi que des crimes, des délits et des contraventions par des Européens au préjudice d'Européens.

« En ce qui touche les indigènes dans les provinces, le décret du 25 juillet se contentait de tracer les règles générales sur la juridiction et sur la liquidation, en se référant à la loi et à la coutume annamites.

« Les progrès accomplis depuis cette époque en Cochinchine et le désir de préparer insensiblement les voies pour l'assimilation de la population indigène, l'accroissement de la richesse qui a multiplié le nombre et l'importance des contestations civiles, la connaissance plus complète du pays [illegible] la population, qui permet une recherche plus complète et plus [illegible]euse des crimes et des délits, enfin l'expérience acquise, me [illegible]t lieu de penser qu'il convient de déterminer d'une manière plus complète l'organisation de la justice, en prenant pour base le principe de la séparation des pouvoirs.

« C'est dans ce but que j'ai préparé deux décrets qui réorganisent le personnel judiciaire en Cochinchine et fixent les traitements et la parité d'office des magistrats.

« D'après le premier de ces actes, la Cour d'appel est maintenue, mais son personnel est augmenté en raison de l'accroissement des affaires dont elle sera appelée à connaître.

« Des tribunaux de première instance sont institués non seulement à Saïgon, mais encore à Bien-Hoa, à Mytho, à Bentré, à Vinh-Long, à Chaudoc et à Soctrang. Sans doute, ces tribunaux ont un ressort considérable, mais ils suffisent pour le moment à l'expédition des affaires.

« Plus tard, l'expérience démontrera s'il est nécessaire de créer de nouveaux sièges. Les tribunaux de première instance feront, en outre, office de justices de paix dans les provinces. En général, la tâche de ce degré de juridiction n'est pas importante dans l'Annam, où, de temps immémorial, les maires, les notables et les chefs de canton ont le droit de constituer les tribunaux de conciliation au civil, justice simple et peu coûteuse, consacrée par les mœurs du pays, et qu'il me paraît indispensable de conserver. D'un autre côté, les contraventions de simple police constituent presque toutes les fautes contre l'indigénat, que l'Administration est chargée de réprimer, à l'exemple de ce qui se passe en Algérie.

« Conformément au principe adopté dans la plupart de nos colonies, j'ai maintenu dans chaque tribunal l'unité du juge; mais, à côté du juge président se trouve le procureur de la République et le lieutenant de juge chargé de l'instruction.

« Aux tribunaux les plus importants sont attachés des juges suppléants qui remplacent au besoin les magistrats empêchés.

« Pour le jugement des crimes, une Cour criminelle siégera périodiquement dans chaque chef-lieu d'arrondissement judiciaire. A Saïgon, la Cour criminelle conserve son organisation actuelle; dans les provinces, ces Cours seront présidées par un conseiller de la Cour d'appel de Saïgon, assisté des juges du tribunal de la localité et d'assesseurs pris sur une liste de notables établie d'après un mode spécial.

« Les moyens de communication intérieure dont dispose aujourd'hui la colonie permettent d'assurer le transport des magistrats et des témoins, sans aggravation sensible de dépenses.

« Tous les membres de la Cour et des tribunaux appartiennent à la magistrature et sont considérés, ainsi que tous les magistrats des colonies, comme détachés de la métropole. Ils devront, dès lors, remplir les conditions d'âge et de capacité réglementaires. Dans ces conditions, les administrateurs des affaires indigènes qui sont licenciés en droit sont admis de droit dans le personnel judiciaire; quant à ceux qui ne peuvent justifier de ce diplôme, il me paraît utile de les admettre provisoirement, à titre auxiliaire, dans les rangs de la magistrature de Cochinchine, jusqu'à ce qu'il soit possible de leur trouver un autre emploi. Cette mesure s'impose d'ailleurs par la nécessité de ne pas interrompre le cours régulier de la justice, car il serait difficile d'en assurer immédiatement la distribution avec des magistrats venus de France ou des autres colonies, et ignorant les mœurs et les coutumes des Annamites.

« Une transformation aussi subite exposerait à de grands dangers.

« Il convient d'ajouter que les interprètes, qui sont pour la plupart des Annamites, n'inspirent pas, en général, une confiance suffisante.

« Il importe donc que les magistrats puissent au besoin contrôler d'une manière sérieuse le travail de ces auxiliaires. Dans ce but, jusqu'à ce que l'Administration ait à sa disposition un corps d'interprètes sur lequel on puisse compter, j'estime que les magistrats, ou du moins plusieurs d'entre eux, dans chaque tribunal, doivent posséder la connaissance de la langue annamite. A ce point de vue, l'entrée d'un certain nombre d'administrateurs des affaires indigènes dans les rangs de la magistrature de Cochinchine est encore d'un grand intérêt.

« Les autres dispositions du décret qui touchent aux conditions d'admission, à la résidence et aux congés, ainsi qu'à la discipline, sont empruntées, pour la plupart, aux règles établies en France et dans nos autres colonies.

« Quant au second décret, il améliore dans une certaine mesure la situation du personnel judiciaire qui, appelé à servir dans une colonie lointaine, où les conditions de la vie sont plus difficiles qu'en Europe, a droit à une rémunération plus en rapport avec les efforts et avec les dangers auxquels il est exposé.

« Le plan de réorganisation que, de concert avec M. le Garde des Sceaux, j'ai l'honneur de soumettre à votre sanction réalise sans nul doute une amélioration notable dans la situation des Annamites, sur toute l'étendue de notre colonie, par une distribution régulière de la justice.

« Les populations de la Cochinchine y verront une nouvelle preuve de la protection bienveillante dont ils sont l'objet de la part du gouvernement de la République, et ne manqueront pas de la reconnaître par leur attachement à la France.

« Veuillez agréer, etc.....

« *Le Ministre de la Marine et des Colonies,*

« CLOUÉ. »

POUVOIRS DISCIPLINAIRES

RAPPORT au Président de la République.

« Paris, le 25 mai 1881.

« MONSIEUR LE PRÉSIDENT,

« La séparation du pouvoir judiciaire et du pouvoir administratif, en Cochinchine, est aujourd'hui un fait accompli. Cette importante réforme réalise un progrès notable en faveur de la population annamite, mais il serait compromettant, pour la sécurité publique et pour l'exercice de notre domination, si l'on n'avait soin de conserver aux administrateurs des affaires indigènes une partie des pouvoirs dont ils étaient antérieurement investis.

« Dans un pays où il n'existe pas de citoyens dans la population indigène, mais seulement des sujets, où la langue et les mœurs sont différentes des nôtres, il est essentiel que le représentant du Gouvernement soit toujours investi d'un pouvoir propre et personnel qui assure l'efficacité de ses ordres et l'action visible de notre souveraineté. Si, pour la moindre infraction aux règlements de police, il est obligé d'avoir recours à un magistrat qui rend la justice à son heure, il ne tarde pas à perdre tout prestige et toute autorité sur le peuple conquis.

« La répression judiciaire des infractions sur l'étendue du territoire de la Cochinchine exigerait, d'ailleurs, la création de nombreuses justices de paix, et donnerait lieu à des dépenses considérables qui ne seraient pas en rapport avec les besoins du service.

« Il convient de remarquer qu'en Algérie, la même situation s'est présentée et qu'un projet de loi a été préparé pour le maintien des pouvoirs disciplinaires.

« Ce mot, a dit M. Gastu, dans son rapport au Conseil général d'Alger, n'a pas la portée qu'on lui prête. Il ne s'agit pas de faits d'un intérêt administratif rentrant dans la classe des contraventions ; c'est pour des faits de ce genre particulier à la vie indigène et qui, en France, ne se produisent pas, qu'il importe de donner à l'administrateur les pouvoirs d'un juge de simple police.

« Lorsque le projet de loi a été soumis à la Chambre des députés, M. Gastu, rapporteur de la Commission, en a recommandé l'adoption « comme une mesure de circonstance ».

« La Chambre a partagé cette manière de voir, puisqu'elle a voté la loi conférant des pouvoirs disciplinaires aux administrateurs des communes mixtes du territoire civil.

« En Cochinchine, les pouvoirs disciplinaires appartiennent aux maires et aux chefs de canton des communes annamites, ainsi qu'aux administrateurs des affaires indigènes, qui sont également des fonctionnaires civils et exercent à peu près les attributions des administrateurs des communes mixtes de l'Algérie.

« Si donc le maintien de ces pouvoirs est jugé nécessaire et légal pour notre possession africaine, il doit être conservé pour les mêmes motifs dans notre établissement d'Extrême-Orient.

« Ce droit sera d'ailleurs entouré de toutes les garanties indispensables, et son application placée sous l'action d'un contrôle sérieux et incessant, de manière à protéger la population indigène contre les mesures arbitraires.

« Il importe, en outre, que, dans les cas graves, une insurrection par exemple, le gouverneur dispose de pouvoirs suffisants pour assurer la domination de la France.

« Pour ce cas exceptionnel, j'estime qu'il convient de maintenir au chef de la colonie le droit d'appliquer le séquestre et l'internement.

« Dans les temps de trouble, certaines personnalités intrigantes et puissantes ne sauraient être laissées en liberté ni maîtresses de leurs biens. Elles répandent de faux bruits, jettent la défiance dans les esprits, préparent les prises d'armes, et cependant ne peuvent être déférées à la justice, faute de preuves matérielles.

« Dans l'intérêt de la sécurité, l'Administration doit être à même de prévenir les périls qui menacent le pays, en mettant les fauteurs de troubles dans l'impossibilité d'accomplir leurs criminels desseins. Cependant, comme il faut user de ce pouvoir avec la plus grande réserve, j'estime que l'application du séquestre ne doit être faite que provisoirement par le gouverneur, à charge de rendre compte à mon département, qui statuera d'une manière définitive.

« Tels sont les motifs du décret que, de concert avec M. le Garde des Sceaux, j'ai l'honneur de soumettre à votre haute sanction.

« Veuillez agréer, etc.....

« *Le Ministre de la Marine et des Colonies,*

« CLOUÉ. »

INSTRUCTIONS adressées à MM. les Administrateurs et Procureurs de la République.

« Saïgon, le 30 mai 1882.

« L'application des décrets de 1881 sur la séparation des pouvoirs judiciaire et administratif entraîne de nombreuses modifications dans les attributions de MM. les Administrateurs, et il nous a paru nécessaire de les déterminer à nouveau.

RECHERCHE DES CRIMES ET DÉLITS

« Le ministère public ne saurait suffire à la constatation des crimes et des délits dans le ressort du tribunal auquel ils appartiennent. Il manque pour cela des moyens d'action, et il n'est pas possible, en l'état actuel de la colonie, de lui en constituer; c'est l'administrateur, officier de police judiciaire, qui continuera à être chargé de la police générale, judiciaire et administrative.

« En France, il est vrai, le représentant du pouvoir exécutif n'intervient qu'exceptionnellement, en cas de rébellion ou de troubles graves. Dans la police judiciaire, une longue tradition, une communauté de vues et d'intérêts entre la population et la magistrature, l'organisation des municipalités, le concours de la gendarmerie, enfin l'opinion publique, le plus puissant auxiliaire de la justice, font que les criminels sont toujours signalés.

« Il ne saurait en être de même dans un pays en voie de transformation, où nos vues ne sont pas toujours comprises par les indigènes qui ne parlent pas notre langue, où, trop souvent, soit par crainte de vengeance, soit par complicité tacite, les autorités municipales gardent le silence.

« L'Administration seule, par ses nombreux agents, est en mesure de savoir ce qui se passe; elle doit donc rechercher les auteurs des crimes et délits; le décret sur l'indigénat lui donne les moyens de punir les négligences et l'incurie des maires et des notables qui ne lui prêteraient pas un concours effectif.

« Toute autre manière de procéder conduirait à une confusion de responsabilité, par conséquent à des conflits préjudiciables à l'ordre et à la sécurité.

« Dans une colonie hier encore soumise au régime de domination, il n'est pas possible de diviser l'autorité à l'égard des indigènes ; elle doit rester concentrée dans les mêmes mains, c'est une question de salut public. C'est déjà un grand progrès et une puissante garantie que d'avoir enlevé à l'Administration la distribution de la justice.

« Aller plus loin serait compromettre le succès de l'œuvre entreprise.

« Lorsqu'un crime ou délit aura été commis, l'administrateur en recherchera les auteurs, et, quand il les aura découverts, il procédera à un interrogatoire sommaire, dressera procès-verbal et fera conduire les prévenus devant le procureur de la République chargé d'exercer les poursuites.

« Si ce magistrat ou le juge d'instruction estiment un transport nécessaire, ils y procéderont personnellement lorsque les circonstances l'exigeront, mais, dans la plupart des cas, ils chargeront l'administrateur de faire procéder par ses agents à telles constatations qu'ils jugeront convenables.

ARRESTATIONS

« Lorsque les magistrats croiront nécessaire de faire procéder à l'arrestation d'un prévenu ou d'un condamné en fuite, ils requerront l'administrateur, qui sera tenu d'obéir à ladite réquisition et de faire conduire, dans le plus bref délai possible, le prévenu ou le condamné devant l'autorité judiciaire.

CITATIONS, ORDRES DE COMPARUTION

« C'est l'autorité municipale qui, en Annam, possède tous les pouvoirs de simple police, de faire les citations de témoins et la remise des ordres de comparution.

« Ces citations sont adressées aux administrateurs, qui seront tenus de les faire parvenir aux maires et de veiller à leur exécution.

EXÉCUTION DES JUGEMENTS

« Avec notre constitution actuelle, les notables ayant seuls qualité pour assurer l'exécution des jugements, le procureur de la République notifiera par extrait les arrêts à l'Administration, qui les fera parvenir aux autorités du village et devra veiller à l'exécution, dont il rendra compte au chef du Parquet.

« Lorsque les amendes entraînant la contrainte par corps auront été prononcées, le condamné ne sera remis en liberté, sauf le cas de paiement immédiat, qu'après que l'administrateur aura été prévenu et aura pris telles dispositions que de droit pour assurer le recouvrement.

« Dans les causes où figurent des Européens, un employé de l'Administration, de nationalité française, sera chargé de remplir les fonctions d'huissier.

POLICE DE L'AUDIENCE

« Sauf à Bien-Hoa, où il n'existe pas de campement, la police de l'audience et son service seront faits par une escouade de tirailleurs annamites, mise par l'autorité militaire à la disposition de la justice. Le sous-officier devra délivrer reçu, au geôlier en chef, des prisonniers qui lui auront été confiés pour être conduits devant le tribunal ; ledit reçu lui sera remis lorsque les détenus auront été réintégrés par ses soins dans la maison d'arrêt.

PRISONS

« Le service des prisons présente d'assez graves difficultés : ce sont des indigènes, parfois illettrés et ne connaissant pas le français, qui remplissent les fonctions de gardien-chef ; si on leur confiait les mêmes attributions qu'aux geôliers européens, des abus ne tarderaient pas à se produire ; il faut donc que l'administrateur exerce un contrôle incessant et conserve la haute direction de la maison d'arrêt.

« Il ne devra pas perdre de vue que, si les condamnés sont sous son autorité entière, c'est aux magistrats qu'il appartient de disposer des prévenus. Comme il ne saurait être dérangé chaque fois qu'un inculpé sera conduit devant le juge, il n'aura qu'à constater, à la fin de la journée, l'exécution des ordres reçus par le gardien-chef.

« Le procureur de la République pourra se faire communiquer les registres de la prison toutes les fois qu'il le jugera utile. Il devra viser les registres une fois par mois.

« Dans les arrondissements où il n'existe pas de tribunal, l'administrateur ne devra pas oublier qu'à moins d'ordres formels de l'instruction ou du Parquet, aucun indigène, sous quelque motif que ce soit, ne peut être détenu au delà de huit jours.

ÉCRITURES ET IDIOMES

« Tous les jugements devront être rendus en français, mais les extraits et les grosses, pour les affaires indigènes, devront être traduits en annamite, caractères français, ainsi que toutes les autres pièces annexes, sauf pour ce qui concerne les pièces d'instruction criminelle.

« Le Gouverneur.

« *Le Procureur général*, « Bert.

« *Le Directeur de l'Intérieur*, « Béliard. »

CHAPITRE V

Transports des personnes, des correspondances et des marchandises à l'intérieur et à l'extérieur. — Note du gouverneur (*Journal officiel*, 8 mai 1880) sur les services de transport. — Rapport au gouverneur sur les opérations de la Commission d'enquête.

« Saïgon, le 4 mai 1880.

« Monsieur le Gouverneur,

« Le contrat des Messageries de la Cochinchine finissant le 31 décembre 1881, et votre intention formelle étant d'avoir recours à l'adjudication pour la concession du nouveau service, il est indispensable :

« 1° De donner au nouveau concessionnaire un délai minimum d'une année pour se procurer le matériel nécessaire à l'exploitation ;

« 2° De publier, au moins six mois à l'avance, le cahier des charges, pour permettre aux maisons de France de prendre des renseignements et d'envoyer des ordres.

« Dans ces conditions, il n'est pas possible, ainsi que vous l'aviez décidé, d'attendre la réunion du Conseil colonial. Mais comme il s'agit d'un projet qui intéresse au plus haut point les Européens et les indigènes, le commerce et l'Administration, j'ai pensé qu'il y avait lieu d'ouvrir une enquête de quinze jours sur l'organisation du service telle qu'elle est prévue au rapport que j'ai l'honneur de vous présenter.

« A l'expiration de ce délai, une Commission sera chargée de résumer l'enquête et de faire connaître son avis motivé.

« Si vous adoptez mes propositions, je vous prie de vouloir bien revêtir de votre approbation le projet de décision ci-joint, relatif à la composition de ladite Commission.

« Je suis, etc.....

« *Le Directeur de l'Intérieur*,

« Nouet. »

« Le gouverneur . . . .

. . . .

« DÉCIDE :

« ARTICLE PREMIER. — Le projet devant servir de base au cahier des charges relatif à l'adjudication du service des transports et correspondances, à partir du 1er juin 1882, sera soumis, dans chaque arrondissement et dans les mairies de Saïgon et de Cholon, à une enquête publique qui sera ouverte le 12 mai, à sept heures du matin, et close le 27, à cinq heures du soir.

« ART. 2. —. . . . .

« Elle sera composée de :

« M. le Directeur de l'Intérieur, président;

« M. le Maire de Saïgon, membre;

« M. le Président de la Chambre de Commerce, membre;

« M. le Chef du service des Travaux publics, membre;

« M. le Chef du service télégraphique, membre;

« Un inspecteur des Affaires indigènes, membre;

« Un délégué du commandant de la marine, membre;

« Un délégué du chef du service administratif;

« M. Peyrusset, capitaine d'état-major, remplira les fonctions de secrétaire avec voix consultative.

« Ladite Commission devra terminer ses opérations dans le délai de quinze jours.

« Saïgon, le 4 mai 1880.

« LE GOUVERNEUR.

« Par le Gouverneur :

« LE DIRECTEUR DE L'INTÉRIEUR. »

NOTE du Gouverneur.

« Notre domination sur la Cochinchine a étendu l'autorité de la France sur une population d'environ 2 millions d'âmes et un territoire de 6 millions d'hectares; elle a assuré, en outre, l'influence française sur le Cambodge, et amené, par les traités de 1874, la reconnaissance définitive de nos droits d'occupation.

« La situation de notre nouvelle possession en Extrême-Orient semblait admirablement choisie pour favoriser un large développement commercial; et, de fait, les fondateurs de Saïgon se proposaient de créer un entrepôt capable de rivaliser avec ceux de Singapour et Hong-Kong. Si l'avenir n'a pas répondu aux espérances qu'ils avaient eu le droit de concevoir, c'est que notre port est trop éloigné de la mer pour que les navires viennent y relever, surtout en l'état de la rivière. Il importait tout au moins, pour voir ces prévisions se justifier, de faire disparaître les obstacles que rencontre la navigation et de produire un mouvement d'affaires qui assurât du fret à l'importation et à l'exportation.

« En dehors de la période de chargement des riz, notre rade est à peine fréquentée; nos voisins, Anglais, Hollandais et Chinois, y montrent leur pavillon; mais si l'on ne tient compte ni des paquebots des Messageries maritimes, ni du bateau de Washi, affecté depuis quelques mois aux services du Tonkin et de l'île de Poulo-Condore, on constate que, depuis notre installation en Indo-Chine, un seul navire à vapeur français s'est présenté à Saïgon.

« Aussi, peu ou point de vie extérieure. L'activité à l'intérieur a-t-elle reçue une impulsion plus vive? Nous croyons que, malgré tous les efforts déployés par l'Administration, elle n'a pas encore atteint toute l'importance qu'elle est susceptible d'acquérir. La constitution géographique du pays a favorisé tout d'abord les communications fluviales : le Donaï et la rivière de Saïgon, le Soirap et les Vaïcos, le bassin inférieur du Mé-Kong couvrent, en effet, le pays d'un réseau de voies navigables qui, sans assurer des relations continues, ont permis de desservir les centres les plus importants; la création de canaux est encore venue améliorer le système, mais sans le soustraire complètement aux influences journalières des marées, dont les mouvements ont défait et détruit en partie le travail de la main de l'homme.

« Quant aux voies de terre, on s'est à peine contenté d'entretenir celles qu'avaient créées les Annamites, sans chercher à leur donner l'extension que réclamait le développement de la richesse publique. Malgré toutes ces entraves, les ressources de la colonie ont pris un essor considérable, et le budget qui, en 1865, n'était que de 4,550,000 francs, atteignait successivement le chiffre de 9,550,000 francs en 1871 et de 18,300,000 francs en 1880.

« Les recettes dépasseraient encore le chiffre actuel si l'organisation de nos communications offrait un plus grand nombre de débouchés. Nous ne devons pas nous borner à un simple échange, sur les places voisines, de nos produits agricoles contre des denrées de consommation, mais bien faciliter et multiplier les relations commerciales, qui ne tarderont pas à accroître la production locale. En dehors de la Compagnie des Messageries de Cochinchine qui a établi, l'année dernière, une ligne de bateaux à vapeur sur Battambang, nous n'avons encore rien fait pour nous emparer du commerce du Laos et des provinces cambodgiennes du royaume de Siam. Aussi, malgré la prospérité réelle de la colonie, Saïgon est-elle une ville morte.

« Il faut donc remédier au mal et chercher dans un emploi mieux entendu de nos ressources la solution la plus conforme aux besoins présents et à venir.

« Nous nous proposons de poursuivre cette solution, d'abord par l'étude des relations qu'il est nécessaire de créer à l'extérieur, et ensuite par celle des communications qu'il faut assurer à l'intérieur.

COMMUNICATIONS EXTÉRIEURES

Lignes maritimes.

« Pour donner toute sécurité aux communications extérieures, il importe de faciliter l'accès de la rade de Saïgon et d'écarter les obstacles que rencontre la navigation aux abords de nos côtes. Le rapport de M. l'ingénieur-hydrographe Renaud, publié dans le troisième fascicule des excursions et reconnaissances, semble démontrer que le banc dit de *corail* est en réalité formé de terres dures qui pourraient être enlevées par une drague à vapeur; le creusement d'un chenal et la suppression des parties saillantes du banc permettront aux navires ayant un tirant d'eau de moins de 7 mètres de passer à tout état de marée et quels que soient la force et le sens du courant.

« Des négociations sont engagées avec le gouvernement annamite pour l'établissement d'un phare sur le cap Padaran, et des études se poursuivent pour l'éclairage de Poulo-Condore.

« L'exécution de ces différents travaux favoriserait les relations commerciales que nous avons un intérêt de premier ordre à assurer avec les pays voisins.

« Par suite du traité passé avec M. Constantin, nous sommes déjà reliés aux postes de l'Annam et du Tonkin; un service mensuel nous met ainsi en communication avec Qui-Nhon, Tourane, Cho-May, Haï-Phong, Hanoï, et, en outre, avec les îles Poulo-Condore. Cette ligne, ouverte à la fin de décembre 1879, a donné jusqu'ici de bons résultats, et nous pensons qu'elle doit être maintenue.

« De tous les services, le plus important, sans contredit, est celui de la poste; pour gagner vingt-quatre heures sur le trajet d'Europe en Chine, les Anglais n'ont pas hésité à prendre Brindisi comme point d'attache de la Compagnie Péninsulaire orientale. La Cochinchine est à cet égard fort peu favorisée; elle ne reçoit son courrier que tous les quinze jours. Cependant, rien ne serait plus facile que de réduire les délais à huit jours, en établissant une correspondance avec la malle anglaise. Nous estimons qu'il y a lieu de créer un service régulier entre Singapour et Saïgon, avec escale à l'île de Poulo-Condore qui ne serait plus desservie par la ligne du Tonkin.

« Les relations de la Cochinchine avec Manille n'ont encore qu'une faible importance, et pourtant les deux colonies pourraient faire de nombreux échanges; Manille aurait en outre tout avantage, pour le transport des personnes, à se trouver en communication avec les paquebots des Messageries maritimes, et notre intérêt est de voir affluer les voyageurs à Saïgon. Une ligne de bateaux à vapeur entre Saïgon et Manille serait appelée, croyons-nous, à rendre de très utiles services.

« Nous avions pensé également à établir une ligne mensuelle entre la Cochinchine et le royaume de Siam; nous estimons devoir ajourner ce projet jusqu'à la mise en état du canal de Vinh-té.

« En résumé, nous sommes persuadé que les trois lignes du Tonkin, de Singapour et de Manille peuvent satisfaire aux besoins actuels de la colonie. La compagnie concessionnaire souscrirait un contrat de neuf à douze années qui lui permettrait d'amortir les sacrifices d'installation qu'elle serait obligée de faire. Elle emploierait quatre bateaux à vapeur d'un tonnage de 400 à 500 tonneaux et d'une vitesse moyenne de 9 nœuds.

« Avec une subvention de 20 francs par lieue marine parcourue, la dépense annuelle serait d'environ 500,000 francs, savoir :

Ligne du Tonkin.

Saïgon	»	
Qui-Nhon . . .	340 milles.	
Tourane. . . .	183 —	
Cho-May . . .	16 —	
Haï-Phong. . .	291 —	
Total. . . .	830 milles. — Aller et retour : 1.660 milles.	
12 voyages par an.	19.920 —	
Subvention de 20 francs par lieue marine.		132.800 fr.

Ligne de Singapour.

Saïgon	»	
Poulo-Condore.	142 milles.	
Singapour. . .	495 —	
Total. . . .	637 milles. — Aller et retour : 1.274 milles.	
26 voyages par an.	33.124 —	
Subvention de 20 francs par lieue marine		220.820

Ligne de Manille.

Saïgon	»	
Manille	910 milles. — Aller et retour : 1.820 milles.	
13 voyages par an.	23.660 —	
Afin d'assurer la correspondance avec les paquebots des Messageries maritimes.		
Subvention de 20 francs par lieue marine		157.720
Ensemble de la subvention.		511.340 fr.

COMMUNICATIONS INTÉRIEURES

« Il incombe à la colonie d'assurer le transport des dépêches et des messageries, aussi bien que celui des fonctionnaires; elle doit en outre faciliter l'accès de l'intérieur aux personnes étrangères à l'Administration et favoriser le mouvement des marchandises de grande vitesse; mais il importe qu'elle se garde de constituer, pour les relations commerciales, des sociétés privilégiées qui entraveraient l'initiative individuelle et empêcheraient toute concurrence de s'établir.

« Lorsque nous avons pris possession de la Cochinchine, nous avons trouvé, sous le nom de tram, un service de correspondance parfaitement organisé en vue des besoins du pays, et nous avons eu la sagesse de le conserver; suivant les régions et les moyens de communication, le service, confié aux milices des arrondissements, est fait à pied, à cheval, en voiture ou charrette et en bateau; mais la vitesse est excessivement lente; elle atteint, pour l'ensemble des lignes parcourues, une moyenne de 4 kil. 600 à l'heure; sur le trajet de Vinh-Long à Tra-Vinh, la vitesse horaire moyenne n'est que de 2 kil. 800, et de 2 kil. 700 sur celui de Sadec à Cantho. D'un autre côté, les correspondances officielles ont pris un large développement, et le transport à dos d'homme devient de plus en plus difficile; enfin, le tram ne saurait se charger de messageries.

« Le transport des paquets par la poste, s'il n'est pas d'une nécessité absolue, constitue au moins un des agréments de la vie, surtout quand on habite, comme en Cochinchine, des postes où il est impossible de se procurer le moindre objet de provenance européenne. On est obligé à l'intérieur de faire des provisions, d'attendre quelquefois pendant un mois un livre ou tout autre article demandé à Saïgon; on ne peut, en outre, faire usage de la glace. Des communications plus fréquentes et plus rapides n'augmenteraient-elles pas le bien-être de chacun?

« Il nous a paru intéressant de connaître quelle serait la subvention kilométrique à accorder à l'industrie privée pour un service en voiture permettant le transport des personnes et des messageries; nous en avons tenté l'expérience sur la ligne de Saïgon à Bien-Hoa, et, moyennant un prix annuel de 9,600 francs, l'entrepreneur assure une correspondance journalière, à l'aller et au retour, avec une vitesse horaire de 10 kilomètres pour une distance de 32 kilomètres, soit une subvention kilométrique de 41 centimes, et on nous affirme qu'il réalise des bénéfices considérables, malgré une organisation insuffisante.

« Or, la dépense totale de la correspondance s'élève actuellement à 233,000 francs; le nombre de kilomètres parcourus dans le courant de l'année, pour satisfaire à ce service, est de 700,000; le prix de chaque kilomètre revient donc à 33 centimes. Si les conditions de la ligne de Saïgon-Bien-Hoa pouvaient être généralisées dans toute la colonie, une augmentation kilométrique de 8 centimes suffirait à assurer à la fois le transport des dépêches, des messageries et des personnes, avec une vitesse double et presque triple.

« Mais l'état des routes n'a pas encore permis de recourir exclusivement à l'emploi d'un pareil système; depuis l'année 1871, un contrat passé avec la Compagnie des Messageries de Cochinchine a constitué des services réguliers de bateaux à vapeurs qui desservent les principales lignes de l'intérieur et la plupart des chefs-lieux d'arrondissement; certains postes inaccessibles aux bateaux ne sont desser-

7

vis que jusqu'aux points les plus rapprochés de l'itinéraire ; quelques lignes sont parcourues une ou deux fois par semaine, tandis que d'autres n'ont avec Saïgon qu'une communication bimensuelle. Il en résulte que, dans l'intervalle qui sépare le départ d'un bateau de son prochain retour, on est souvent obligé de recourir à la location de jonques pour le transport de fonctionnaires et d'employés, et la dépense annuelle afférente au service des transports du personnel et du matériel du service local comprend ainsi :

« Subvention à la Compagnie des Messageries de Cochinchine : 666,000 francs, dont 170,000 francs à la charge de l'Etat, soit à la charge du service local.	496.000 fr.
« Location de jonques pour le service des fonctionnaires et employés	20.000
« Transport de vivres frais dans certains postes. .	5.000
« Total.	521.000 fr.

« Or, d'après les renseignements statistiques fournis par l'administration locale, le matériel transporté par les Messageries de Cochinchine comprend chaque année environ 3,000 tonnes; en admettant un prix moyen de 15 francs la tonne, les 3,000 tonnes représentent un fret de 45,000 francs, ce qui fait ressortir pour le personnel une dépense de 476,000 francs; le nombre des passages accordés étant de 5,000, la moyenne des prix de passage atteint la somme de 95 fr. 20. Et encore est-il bon d'observer que la convention du 2 août 1871, attribuant de 7,000 à 8,000 passages, l'Administration, ne pouvant atteindre ce nombre, se montre d'une libéralité excessive. Si l'on tenait compte des besoins réels du service, 3,000 passages au plus devraient être délivrés annuellement; par suite, le prix moyen s'élèverait à 158 fr. 66.

« Ces prix sont évidemment excessifs; en effet, la distance moyenne de Saïgon aux différents postes de la colonie est d'environ 100 kilomètres; en adoptant comme prix de passage un tarif kilométrique de 10 centimes, supérieur à celui des chemins de fer français, 3,000 passages ne devraient coûter que 30,000 francs, et 5,000 passages, 50,000 francs. La dépense annuelle pour le transport du personnel étant de 476,000 francs, il reste à la Compagnie une subvention de 426,000 francs accordée en dehors des services rendus, soit une subvention de 15 fr. 08 par lieue marine, pour 28,235 lieues marines parcourues dans le courant de l'année.

« Nous ne parlerons que pour mémoire du droit de réquisition prévu par l'article 16 du contrat, car il constitue pour la Compagnie un profit et non une charge, puisqu'elle n'est pas obligée d'avoir un matériel de réserve.

« D'ailleurs, de pareilles clauses sont inutiles; elles sont de droit commun, l'Etat ayant toujours le droit de réquisitionner les transports.

« La constitution de la Société des Messageries de Cochinchine, nous le reconnaissons volontiers, fut un réel progrès, et nous n'examinerons pas si la subvention qui fut attribuée était trop forte en 1871; il est difficile, dans un pays en voie de formation, de se rendre un compte exact de la situation économique. La Compagnie assura des communications régulières, sinon fréquentes, dans d'excellentes conditions de confortable et de vitesse, elle substitua l'industrie privée aux transports de l'Etat et elle favorisa les relations avec l'intérieur.

« Mais, si la fréquence des communications n'avait pas, au point de vue administratif, une importance capitale tant que les pouvoirs administratif, judiciaire et financier étaient confondus et que l'absence d'un administrateur, suppléé aussitôt par un de ses collègues, ne laissait aucun service en souffrance, il n'en est plus de même aujourd'hui que ces pouvoirs sont séparés.

« Que l'administrateur, le juge ou le percepteur vienne à tomber malade ou à s'absenter, immédiatement s'arrêteront soit la police et l'administration du pays, soit la distribution de la justice, soit l'encaissement et le paiement; il est donc nécessaire que les fonctionnaires soient remplacés dans les vingt-quatre heures, et un service mensuel ou même hebdomadaire ne saurait suffire. Enfin, en dehors de la grande ligne Mytho-Vinh-Long et Pnom-Ninh, les Messageries de Cochinchine n'ont jamais assuré dans des délais assez courts le transport des personnes s'occupant de commerce. Un négociant appelé par ses affaires à Tay-Ninh est condamné, s'il prend le bateau Roque, qui fait seulement le service bimensuel, à rester quinze jours absent de chez lui; force lui est de louer une jonque ou une chaloupe.

« Nous croyons avoir démontré que le service tel qu'il fonctionne ne satisfait plus aux besoins de l'administration et du commerce; nous devons profiter de l'expiration prochaine du contrat de 1871 pour procéder à une réorganisation sur des bases nouvelles et créer des communications rapides, journalières ou semi-journalières, si la vitesse supplée à la fréquence.

« Pour arriver à ce résultat sans dépasser les ressources de la colonie, nous n'emploierons pas des bateaux de 500 à 600 tonneaux, qui ne trouveraient pas de chargement en voyageurs et en marchandises ; nous nous contenterons de simples mouches, pouvant naviguer dans les arroyos. Nous répondrons, par avance, aux objections qui nous seront faites :

« 1° En substituant de petits vapeurs aux grands navires de la Compagnie Roque, nous supprimons le confortable dont on ne saurait se passer en Cochinchine. Il est certain que nous n'avons pas la prétention d'établir, sur un bateau de 50 à 100 tonneaux, des aménagements aussi vastes que sur un navire de 600; mais, grâce à la fréquence et à la rapidité des transports, nous diminuerons la durée et, par conséquent, la fatigue du voyage. Plus tard, lorsque le commerce se sera développé, les grands *ferry-boats* remplaceront les mouches. Du reste, la régularité et la vitesse jouent dans les relations commerciales un rôle considérable : une ligne de bateaux à vapeur, entre le Havre et Brest, n'a jamais pu résister à la concurrence d'un service de voitures publiques ; les lignes ferrées côtières ont détruit le cabotage.

« 2° En cas d'insurrection, nous ne disposerions plus de navires pour le transport des troupes. Cette objection ne nous paraît pas très sérieuse : en dix ans, deux réquisitions seulement ont été adressées, et rien ne prouve que cette mesure fut indispensable. Depuis 1871, de grandes transformations se sont opérées dans l'esprit public ; la plupart des inspections possèdent des chaloupes à vapeur, au moyen desquelles il est facile d'envoyer des secours sur les points menacés; la création du régiment de tirailleurs annamites double les forces militaires de la colonie; enfin, sans recourir à la Compagnie Roque et aux bâtiments de guerre, nous sommes en mesure, avec les seuls moyens du commerce et de l'administration, de faire tous les mouvements de troupes que pourrait nécessiter une grave insurrection; hâtons-nous d'ajouter que cette éventualité n'est heureusement pas à redouter.

« 3° Nous ne nous préoccupons pas du transport des marchandises et approvisionnements administratifs, s'élevant à 3,000 tonnes environ. Nous avons fixé le prix moyen du fret à 15 francs la tonne, et nous sommes certains de ne pas atteindre ce chiffre en nous adressant au commerce. Depuis huit mois, l'adjudication a été généralisée, et c'est aux fournisseurs qu'il appartient de traiter au mieux de leurs intérêts.

« 4° Nous ne tenons pas compte des besoins du service de la marine. A cela, nous répondrons que la somme de 170,000 francs inscrite au budget de l'Etat, dépensée avec ordre et économie, suffit et au delà à tous les besoins.

« Si nous entrons maintenant dans les détails d'organisation du nouveau service, nous sommes naturellement amenés, par la constitution même du sol, à diviser la colonie en deux régions distinctes : celle de l'est, où les facilités de construction de routes permettent d'établir un service par voie de terre, et celle de l'ouest, où la multiplicité des lignes d'eau oblige à l'emploi de bateaux à vapeur.

Lignes terrestres.

« Nous résumons dans le tableau ci-après le service des lignes de terre :

DÉSIGNATION des LIGNES	DISTANCE KILOMÉTRIQUE	ORGANISATION du SERVICE	Nombre de kilomètres parcourus annuellement.	Subvention à raison de 0 fr. 40 par kilomètre.
				Fr.
Saïgon-Ville à Saïgon-Inspection.	3	Journalier.	2.190	876
Saïgon à Cholon	6	Id.	4.380	1.752
Saïgon à Bien-Hoa . . .	32	Id.	23.360	9.344
Saïgon à Thu-dau-mut. .	24	Id.	17.520	7.008
Bien-Hoa à Baria et au cap Saint-Jacques. . .	90	Semi-journalier.	32.850	13.140
Saïgon à Tay-Ninh . . .	100	Id.	36.500	14.600
Saïgon à Mytho.	72	Journalier.	52.560	21.024
Tanan à Go-Cong. . . .	40	Id.	29.200	11.680
Totaux.			198.560	79.424

« La dépense nécessitée par ce service s'élève donc annuellement à 80,000 francs.

« Nous avons porté la ligne de Mytho comme devant être faite en voiture, car l'état des arroyos ne permet pas de créer un service régulier à heure fixe, et le passage du Cua-Tieu, outre qu'il n'est pas toujours praticable, allonge démesurément le parcours.

« Les routes qui réunissent les localités indiquées au tableau précédent seront livrées à l'exploitation avant le 1er janvier 1882 ;

« Celle de Mytho sera achevée dans les premiers mois de l'année 1881;

« Celle de Bien-Hoa est en état d'entretien;

« Celle de Thu-dau-mut est en construction;

« La route de Tay-Ninh, terminée sur un tiers du parcours, sera prête dans une année; il en sera de même de celle de Baria;

« Enfin, la route de Go-Cong ne tardera pas à être adjugée.

« Nous ne proposons entre Saïgon et Tay-Ninh, comme entre Saïgon et Baria, qu'un service semi-journalier. Actuellement, une lettre mise à la poste de Tay-Ninh le soir, à quatre heures, quelques instants avant le départ du tram, n'est distribuée à Saïgon que le surlendemain matin; avec le service en voiture, faisant le trajet à raison de 7 à 8 kilomètres à l'heure, la lettre mise à la poste le soir sera à Saïgon le lendemain matin; il en résulte une avance très sensible et suffisante sur la distribution de la correspondance.

Lignes fluviales.

« Le service fluvial serait organisé ainsi qu'il suit :

DÉSIGNATION des LIGNES DESSERVIES	DISTANCE EN MILLES	ORGANISATION périodique DU SERVICE	Nombre de lieues marines parcourues annuellement.	Subvention à raison de 5 francs par lieue marine.
				Fr.
Mytho, Vinh-Long, Sadec.	40	Journalier.	9.733	48.665
Mytho à Bentré, avec arrêt à Baké.	30	Semi-journalier.	3.650	18.250
Mytho à Tra-Vinh, avec arrêt à Caï-sac et Bang-tra	50	Id.	6.083	30.415
Sadec à Long-Xuyen et Chaudoc.	55	Id.	6.692	33.460
Long-Xuyen à Cantho et Soctrang, avec arrêt à Traou	60	Id.	7.300	36.500
Totaux.			33.458	167.290

« Les lignes de Chaudoc à Hatien, Long-Xuyen à Rach-Gia, Soctrang à Dai-Ngai, Tra-Vinh aux fleuves, seront desservies par des voitures, des jonques ou des piétons, l'état des arroyos ne permettant pas un service régulier.

« Nous prévoyons une somme de 30,000 francs pour ces services particuliers que nous appellerons : *Correspondances terrestres des lignes fluviales.*

« Les considérations suivantes ont conduit à fixer, pour le service fluvial, la subvention à 5 francs par lieue marine parcourue.

« Pour assurer les communications en tout temps, les lignes doivent disposer du matériel ci-après :

Mytho à Vinh-Long et Sadec,	1 vapeur.	80.000 fr.
Mytho à Bentré, Mytho à Tra-Vinh,	1 mouche	40.000
Sadec à Long-Xuyen et Chaudoc,	1 mouche	40.000
Long-Xuyen à Cantho et Soctrang,	1 chaloupe.	45.000
Réserve,	1 chaloupe.	45.000
	Total.	250.000 fr.

« Les dépenses d'exploitation comprendront :

1° *Frais du capital engagé.* — Intérêt à 10 p. 100.	25.000 fr.	60.000 fr.
Amortissement à 10 p. 100.	25 000	
Entretien.	10.000	
2° *Personnel.* — *Equipage d'un bateau :*		
1 capitaine, par an	6.000	
2 timoniers, par an	1.440	
1 mécanicien, par an	2.400	
1 aide-mécanicien, par an	1.200	
2 chauffeurs, par an.	1.680	
Total.	12,720 fr.	
Equipages de 5 bateaux		63.600
3° *Charbon.* — La consommation de charbon est réglée à raison de 8 tonnes, 680 kilos pour 100 milles parcourus; pour 33,458 lieues marines parcourues annuellement, elle s'élèvera à 868 tonnes environ, et la dépense, au prix de 65 francs la tonne, y compris les matières grasses, sera de		56.420
4° *Frais généraux.* — Direction et comptabilité.		41.000
Total des dépenses d'exploitation.		221.020 fr.

« Le nombre des lieues parcourues étant de 33,458, le prix moyen de la lieue sera de 6 fr. 60.

« Les chiffres que nous avons pris comme base de nos évaluations sont empruntés à une note remise par M. Roque, et ne paraissent pas susceptibles d'être contestés; cependant, les dépenses sont portées à un maximum qu'il est difficile d'atteindre; aussi, est-il bon de les comparer aux recettes que nous estimons ci-après, savoir :

« 1° Frais de transport du personnel évalués, pour la colonie, à	50.000 fr.
« 2° Frais de transport des isolés du service marine.	10.000
« 3° Frais de transport des articles messageries (Etat et colonie).	20.000
« 4° Transports des voyageurs étrangers à l'Administration	20.000
« 5° Transports des messageries et marchandises pour le commerce	20.000
« C'est un total de	120.000 fr.
qui, ajoutés à la subvention de.	167.000
donnent une recette de	287.000 fr.
contre une dépense de	221.000
« D'où un bénéfice minimum, pour l'adjudicataire, de	66.000 fr.

SERVICE DU CAMBODGE

« Il est du plus grand intérêt de maintenir, à défaut de communications plus rapides, un service de bateaux à vapeur entre Saïgon et Pnom-Penh. La distance à parcourir étant de 226 lieues marines (aller et retour), le nombre de lieues parcourues annuellement, à raison d'un voyage par semaine, est de 11,752. Comme les bateaux employés à ce service ne peuvent être d'un tonnage inférieur à 300 tonnes, nous proposons d'accorder une subvention de 10 francs par lieue marine, soit 117,520 francs.

« En résumé, la réorganisation que nous proposons, en améliorant le service, n'entraîne pas une augmentation sérieuse de dépenses, ainsi que le démontre la récapitulation générale :

Nouveau service.

Communications extérieures. —	Lignes maritimes	511.340 fr.
Communications intérieures.	Lignes terrestres.	80.000
	Lignes fluviales	167.290
	Correspondance terrestre des lignes fluviales.	30.000
	Ligne du Cambodge	117.520
	Total.	906.150 fr.

Ancien service.

Ligne du Tonkin.	200.000 fr.	
Subvention à la Compagnie Roque, en dehors des services rendus.	426.000	
Service des correspondances	233.000	
Total.	859.000 fr.	859.000 fr.
Augmentation des dépenses.		47.150 fr.

« Ainsi, pour une somme sensiblement égale à celle dépensée actuellement, et nous croyons que l'adjudication donnera un rabais, car nous avons porté les frais au maximum et les recettes au minimum, nous arrivons à établir des communications journalières ou semi-journalières sur tous les points de la colonie, soit en bateau, soit en voiture, et à constituer un service maritime avec l'Annam, Manille et Singapour.

« Nous restons donc persuadés que de pareilles conditions doivent présenter de grands avantages pour la colonie et contribuer puissamment au développement de sa richesse. »

RAPPORT au Gouverneur.

« Saïgon, le 12 juin 1880.

« J'ai l'honneur de rendre compte à Monsieur le Gouverneur des opérations de la Commission instituée par son arrêté du 4 mai dernier, qui a tenu ses séances à la direction de l'Intérieur les 2, 4, 7 et 9 juin.

« Les trois premières séances ont été consacrées à la lecture des procès-verbaux d'enquête ainsi qu'au vote sur le premier paragraphe : *Lignes maritimes.*

« Cette partie du projet a été votée à l'unanimité, sauf en ce qui concerne la ligne de Manille ; la majorité a été d'avis de tenter seulement l'essai de cette ligne pendant une année, en portant la subvention à 25 francs par lieue marine. D'autre part, cependant, les objections que réfute le projet ont été reproduites, dans la plupart des procès-verbaux, avec insistance.

« Dans ces conditions, j'ai cru qu'il était possible de tenir compte des *desiderata* signalés, et j'ai présenté à la Commission, dans sa séance du 9, l'amendement suivant au projet définitif.

« Les principales objections au projet sont :

« Le manque de confort et de bien-être ;

« La fréquence des transbordements ;

« L'insuffisance des chaloupes pour assurer le transport des marchandises ;

« La suppression complète du service fluvial sur Tay-Ninh, le Cap et Baria ;

« L'inconvénient de prendre Mytho comme tête de ligne et de n'avoir qu'un bateau par semaine de Saïgon à Mytho et Sadec ;

« La difficulté des transports de troupes.

« L'Administration n'a en vue que d'assurer :

« 1° Le transport de la poste et de son personnel ;

« 2° Accessoirement, celui des voyageurs.

« Elle prétend que le projet remplit ces conditions.

« Cependant, nous allons examiner si les améliorations demandées sont incompatibles avec l'économie du projet, c'est-à-dire avec son équilibre financier.

« La distance annuelle à parcourir pour les lignes fluviales est, d'après le projet, de	33.458 lieues.
« 1° De Saïgon à Ben-Keu par le Soirap, la distance est de 83 milles, aller et retour 166 milles ; 26 voyages par an	1.439
« 2° De Saïgon au Cap et Baria, la distance est de 46 milles, aller et retour 92 milles ; 26 voyages par an	798
« 3° De Saïgon à Mytho et Sadec, la distance est de	
A reporter.	35.695 lieues.

Report . . . . 35,695 lieues.

120 milles, aller et retour 240 milles, 4,160 lieues marines; or, il faut déduire de ce nombre la partie relative au trajet Mytho-Sadec qui, dans le projet, est fait par une mouche quotidienne, et pour 52 voyages par an, 1,387 lieues à retrancher de 4,160 lieues, il reste donc 2,773

« Distance totale à parcourir . . . . 38,468 lieues.

« La subvention primitive était de . . . . 167,290 fr.
« En y ajoutant la subvention de Manille disponible. 157,720

nous avons à dépenser. . . . . 325,010 fr.
pour un parcours total de 38,468 lieues.

« Ce qui nous permet de donner pour l'ensemble des lignes fluviales, non comprise la ligne de Saïgon-Pnom-Penh qui est prévue à part, 8 fr. 45 par lieue marine. On supprimera les mouches et petites chaloupes, et on détruit les objections relatives au manque de place et au défaut de confort, etc., etc.

« Ainsi, dans l'hypothèse de la suppression de la ligne de Manille, nous pouvons, sans augmenter la dépense prévue au projet, conserver comme aujourd'hui le service de Tay-Ninh, de Baria et du Cap, doubler la ligne jusqu'à Sadec et faire la correspondance fluviale par des bateaux subventionnés à raison de 8 francs par lieue marine, c'est-à-dire par des navires.

« L'Administration, s'il le faut, entrera dans cette voie et répondra ainsi à toutes les objections présentées. Mais, à parler franchement, elle ne le fera pas sans regret. C'est, en effet, commettre une grave erreur économique que de substituer partout à l'initiative privée celle de l'Administration. Au point de vue même du confort, dont on regrette tant l'absence sur les petits vapeurs, n'est-il pas plus agréable de naviguer sur une mouche bien tenue, où il n'y a que des voyageurs, des correspondances et des messageries, que de se trouver à bord d'un navire encombré de marchandises, de riz et de poisson salé?

« Ce sont là des appréciations de détail qui ne touchent pas l'ensemble du projet. Telles sont aussi les diverses modifications qui ont été proposées pour les heures de départ, les concordances, etc., etc. Tout cela est affaire d'exécution et viendra à son heure. Nous n'avons nullement, du reste, la prétention de soutenir que le projet, tel qu'il est présenté, ne sera pas modifié pendant son exécution; chaque année, nous y comptons bien, l'ouverture de canaux, de routes, de voies ferrées peut-être, nécessitera des changements.

« En résumé, le projet est conçu dans le but de présenter un système financier en équilibre, tout en permettant de modifier le service au fur et à mesure que des améliorations se seront produites dans la viabilité du pays. Ces améliorations, nul ne peut aujourd'hui les prévoir avec certitude; aussi ne pensons-nous pas que la Commission ait à arrêter les itinéraires; elle doit se contenter de poser des principes généraux.

« L'adjudication sera faite sur un nombre de lieues à parcourir annuellement; les modifications de parcours, d'heures, etc., seront réglées dès qu'elles deviendront nécessaires.

« J'ai l'honneur de faire connaître à Monsieur le Gouverneur que, dans la séance du 9 juin, la Commission a adopté, à l'unanimité moins une voix, l'ensemble du projet modifié.

« *Le Directeur de l'Intérieur P. I.*,

« NOUET. »

Cahier des charges pour l'exploitation des services postaux maritimes de la Cochinchine, approuvé par le gouverneur, en Conseil privé, dans la séance du 24 juin 1880.

. . . .

MODÈLE DE SOUMISSION

« Soussigné....., demeurant à....., me soumets et m'engage envers le directeur de l'Intérieur de la Cochinchine, stipulant au nom de la Colonie, à entreprendre, à mes risques et périls, le service partiel maritime, semi-hebdomadaire, par steamer, entre Saïgon et Singapour, par Poulo-Condore, et de Saïgon à Haï-Phông, par Qui-Nhon, Tourane et Cho-May, une fois toutes les quatre semaines, moyennant une subvention de..... francs par lieue marine parcourue. »

Cahier des charges pour l'exploitation du service postal et des correspondances fluviales et maritimes dans l'intérieur de la Cochinchine, approuvé par le gouverneur, en Conseil privé, dans la séance du 25 juin 1882.

. . . .

MODÈLE DE SOUMISSION

« Soussigné....., demeurant à....., me soumets et m'engage envers le directeur de l'Intérieur de la Cochinchine, stipulant au nom de la Colonie, à entreprendre, à mes risques et périls, le service postal et des correspondances fluviales et maritimes dans la colonie de Cochinchine, indiqué au présent procès-verbal, moyennant une subvention de..... francs par lieue marine parcourue. »

CHAPITRE VI

Travaux publics. — Organisation du service (18 août 1879). — Programme d'ensemble des travaux publics. Lettre du gouverneur du 15 juin 1880. — Rapport de l'ingénieur en chef sur les voies de communications terrestres et fluviales (1er avril 1880). — Mise à l'enquête par le directeur de l'Intérieur du classement des routes coloniales et d'arrondissement (3 avril 1880). — Lettre du gouverneur aux administrateurs (10 mai 1880), leur prescrivant l'étude du classement des chemins vicinaux de grande et de petite communication, en s'éclairant de l'avis des habitants notables. — Préparation du budget de la vicinalité. — Instructions du directeur de l'Intérieur sur le même sujet (25 juin 1880). — Arrêtés successifs du gouverneur classant les grandes voies de communications terrestres et fluviales. — Instructions du directeur de l'Intérieur (20 janvier 1882) sur la mise en marche des travaux de vicinalité. — Remise aux arrondissements (26 juillet 1882) du service des routes d'arrondissement. — Les ponts saïgonnais. — Principaux travaux exécutés ou amorcés.

ORGANISATION DU SERVICE[1]

« Le gouverneur de la Cochinchine,

« Vu les instructions de M. le Ministre de la Marine et des Colonies, prescrivant d'affirmer notre souveraineté par des travaux d'utilité générale susceptibles d'accroître la richesse du pays ;

« Vu le rapport de la Commission nommée par décision du 29 juillet 1879, à l'effet d'étudier l'organisation du service des bâtiments civils, des ponts et chaussées et de la vicinalité ;

« Considérant qu'il est indispensable pour l'Administration d'être en mesure de fournir les études et avant-projets de travaux que le Conseil colonial réclamera dans sa première séance ;

« Vu la proposition du directeur de l'Intérieur ;

« Le Conseil privé entendu,

« Arrête :

« Article premier. — Le service des travaux publics en Cochinchine sera chargé des études et des travaux de toute nature concernant la création, l'amélioration et l'entretien des voies de communication de terre et d'eau, l'éclairage et le balisage des voies navigables, la construction et l'entretien des bâtiments, l'alimentation des centres en eau potable, l'assainissement des terres, le dessèchement des marais, le drainage, l'irrigation et tous les travaux d'hydraulique agricole.

« Les travaux concernant les bâtiments communaux et la petite vicinalité restent à la charge des villages.

« ART. 2. — La direction du service est confiée à un ingénieur en chef, ayant sous ses ordres, pour les travaux des bâtiments civils, un architecte, et pour les travaux des ponts et chaussées proprement dits, un ingénieur ordinaire.

. . . .

« ART. 16. — Dans les cas d'urgence et lorsqu'il ne sera pas possible d'en référer à la direction de l'Intérieur, l'administrateur, sous sa responsabilité, pourra prescrire au chef de brigade de son arrondissement tels travaux dont l'exécution immédiate lui paraîtrait indispensable.

« ART. 17. — Il ne sera créé, à titre définitif, aucun emploi entraînant augmentation de dépense jusqu'à la convocation du Conseil colonial.

« ART. 18. — Le directeur de l'Intérieur est chargé de l'exécution du présent arrêté.

. . . .

« Saïgon, le 18 août 1879.

« LE GOUVERNEUR.

« Pour le Gouverneur :

« *Le Directeur de l'Intérieur,*

« BÉLIARD. »

PROGRAMME D'ENSEMBLE DES TRAVAUX PUBLICS

« Saïgon, le 15 juin 1880.

« MON CHER DIRECTEUR,

« Jusqu'au décret du 8 février 1880 qui organise le Conseil colonial, le gouverneur, en Conseil privé, était seul chargé de la gestion du budget; comme les différents titulaires qui se sont succédé à la tête de la colonie ont exercé leurs fonctions pendant une période moyenne moindre de deux années, il en est résulté que presque jamais celui qui a conçu un projet n'a présidé à son exécution; tous ont compris que, dans de semblables conditions, ils ne pouvaient entreprendre de grands travaux, engageant pour un long avenir les ressources de la colonie, et ils ont employé leurs efforts à assainir la ville de Saïgon, dont ils ont fait une des plus belles cités de l'Extrême-Orient. Sachant que la santé du personnel était la première condition du maintien de notre domination, ils ont construit dans les arrondissements des habitations confortables pour la plupart des fonctionnaires ; direction de l'Intérieur, trésor, télégraphes sont largement pourvus ; il ne reste plus à élever que quelques casernes et les logements des secrétaires.

« La première partie de la tâche est accomplie et elle fait le plus grand honneur à ceux qui l'ont exécutée ; il n'était pas facile, en effet, dans un pays où la paillote constitue généralement l'habitation de l'indigène, d'improviser des ouvriers d'art de toute sorte : maçons, charpentiers, serruriers, menuisiers, couvreurs, plafonneurs, tailleurs de pierre. Ce résultat n'a été obtenu que grâce au concours d'entrepreneurs, français pour la plupart, auxquels la colonie doit d'autant plus de gratitude que la majorité d'entre eux n'a pas fait fortune.

« Le moment est venu de constituer notre outillage économique et d'embrasser dans nos prévisions, non seulement les voies de communication, routes, chemins de fer, chemins vicinaux, canaux et arroyos, mais encore la confection de la carte de la Cochinchine, l'établissement de phares et de balises aux abords de nos côtes et à l'intérieur de nos rivières. Nous pouvons nous engager dans ces vues sans danger, sans crainte de variations, car c'est au Conseil colonial qu'il appartiendra désormais d'approuver les plans et de voter les ressources nécessaires à l'exécution. Le rôle du Gouvernement ne sera pas moins considérable, car il lui incombera de préparer les projets et de signaler au Conseil quels en sont l'utilité et le degré d'urgence.

« C'est vous dire, mon cher Directeur, qu'il est indispensable de mettre, dès sa première session, cette assemblée en mesure de connaître les ressources et les besoins de la colonie. Déjà vous avez prescrit aux chefs placés sous votre direction de vous adresser des rapports détaillés sur les services qui leur sont confiés; plusieurs projets ont été mis à l'enquête, d'autres le seront bientôt, et nous avons aussi, par tous les moyens dont nous disposons, associé la population à nos travaux préparatoires. Le tableau d'ensemble de nos propositions lui permettra de se rendre un compte exact du but de nos entreprises; il facilitera les études préliminaires aux membres du Conseil, qui pourront apprécier et juger en connaissance de cause.

RESSOURCES

« Les revenus de la colonie s'élèvent en moyenne annuelle à 20 millions; ce chiffre serait certainement dépassé avec une meilleure perception de l'impôt.

« Les dépenses prévues au budget de 1880 sont de	18.300.000 fr.
« Mais il y a lieu de tenir compte :	
« 1° D'une augmentation de 500,000 francs, destinée à compléter l'organisation des tirailleurs annamites	500.000
« 2° D'une augmentation pour la création d'emplois nouveaux résultant de la séparation des pouvoirs	100.000
« 3° D'un crédit supplémentaire pour l'instruction publique	100.000
« 4° D'un supplément de crédit à accorder aux Compagnies de navigation (ce crédit se trouve réduit à 200,000 francs en 1880, par suite de l'échelle décroissante adoptée en 1871)	300.000
« Le total des dépenses est ainsi de	19.300.000 fr.
« Les recettes étant de	20.000.000
il reste disponible	700.000 fr.

« Le budget de 1880 a affecté aux travaux publics une somme de 5,650,000 francs. La dépense moyenne d'entretien, durant les dix premières années, ne devant pas dépasser 1 million de francs par an, il restera disponible annuellement, pour travaux neufs, une

somme de	4.650.000 fr.
qui, ajoutée au reliquat	700.000
donne un total de	5.350.000 fr.
et, pour dix ans, de	53.500.000 fr.

« Ces prévisions n'ont rien d'exagéré et nous n'avons à redouter aucune éventualité fâcheuse, car la Caisse de réserve possède déjà 6 millions, et son actif, selon toute probabilité, dépassera 7 millions au 1er janvier 1881.

« Enfin, il y a lieu d'estimer à 10 millions environ les excédents de recettes pour la période décennale. Nous restons, avec ce chiffre, au-dessous de la réalité, car nous voyons, depuis que la sécurité règne dans le pays, nos recettes doubler tous les dix ans. Cette progression ne peut que croître de jour en jour, grâce à l'exécution même des travaux.

« En résumé, la colonie dispose pour les grands travaux à entreprendre dans une période de dix années :

« Prévisions annuelles pour travaux neufs . . .	53.500.000 fr.
« Caisse de réserve	6.000.000
« Excédents des recettes de dix exercices. . . .	10.000.000
« Total	69.500.000 fr.

TRAVAUX A EXÉCUTER

Carte de la Cochinchine.

« Toute l'administration est subordonnée à la connaissance exacte du pays ; sans une bonne carte, il est impossible d'établir régulièrement l'assiette de l'impôt, de se rendre compte des distances ; le moindre tracé de route nécessite le levé de plans fort coûteux qui absorbent le temps des agents. En France, le Gouvernement et les administrations départementales elles-mêmes n'ont jamais hésité à s'imposer les plus lourds sacrifices pour avoir des documents précis, rattachés au réseau géodésique.

« Nous n'avons jusqu'ici, en Cochinchine, que les travaux des géomètres, levés selon les besoins du jour et n'ayant aucun lien d'ensemble ; il serait dangereux de continuer une œuvre qui, après avoir dévoré plusieurs millions, ne présenterait aucune garantie d'exactitude le jour où elle serait terminée.

« Nous ne parlerons que pour mémoire des cartes hydrographiques dressées peu de temps après la conquête par des ingénieurs du plus haut mérite : MM. Manen, Vidalin, Héraud ; elles ne sont destinées qu'à la navigation et n'empruntent d'ailleurs leur exactitude qu'à un très petit nombre de points. Si elles témoignent chez leurs auteurs d'une sûreté de coup d'œil, d'une capacité remarquable, si elles suffisent encore à nos bâtiments de guerre, elles ne sauraient convenir à l'Administration, pour laquelle elles n'ont pas été faites.

« Nous prévoyons de ce chef une dépense de 3 millions, qui pourrait être réduite à 1,500,000 francs, si l'on ne s'occupe tout d'abord que de la région cultivée.

Canaux.

« A mon arrivée dans la colonie, je me suis presque exclusivement occupé des routes; on en a conclu que je voulais négliger les canaux. C'est là une véritable erreur, car les canaux et les routes sont également utiles; ces deux moyens de transport se complètent et sont nécessaires au développement de la richesse publique. Si la navigation permet de transporter les marchandises encombrantes par grandes masses, à des prix qu'on ne saurait accepter sur les voies de terre, par contre, les routes favorisent les transports à grande vitesse, assurent les communications régulières à toute heure, sans qu'il y ait lieu de tenir compte des marées, développent les exploitations agricoles, à tel point que l'on peut dire que les produits de ces dernières sont en raison directe du nombre de mètres de chemins par hectare.

« Mais, s'il est facile de construire une route, d'utiliser les travaux au fur et à mesure de leur achèvement, il n'en est pas de même des canaux; ce sont des opérations de longue haleine qu'il faut étudier avec attention, pour lesquelles un outillage considérable est nécessaire, à moins d'avoir recours aux corvées, et je suis décidé à n'en jamais convoquer, car aucune mesure ne froisse davantage les populations, n'est plus contraire à leurs intérêts. Je pense, en outre, qu'il faut renoncer aux travaux de détail entrepris jusqu'à ce jour; des sommes énormes ont été dépensées et, en résumé, que reste-t-il? Rien ou presque rien; les voies ouvertes se comblent partout, les frais d'entretien seraient hors de proportion avec les services rendus.

« C'est la vallée du Mé-Kong qui constitue la grande richesse de la Cochinchine; ce sont les arrondissements traversés par le fleuve et ses nombreux bras qui produisent tout le riz exporté. Saïgon n'est qu'un port de mer et sa rade doit être reliée à tous les centres commerciaux de l'intérieur. Actuellement, les communications ont lieu : soit par mer, par la bouche du Cua-Tien, dont l'accès est souvent difficile et même dangereux; soit par les voies fluviales, par le canal commercial, par l'arroyo de la Poste, soit par le canal de Cho-Gao; la plupart de ces voies sont impraticables à marée basse, et les dos d'âne qui les encombrent s'élèvent de plus en plus. L'entretien, outre qu'il serait fort coûteux, nécessiterait la mise en chômage et entraverait la navigation.

« La meilleure solution paraît être de relier Saïgon au grand fleuve par un canal maritime, praticable en tout temps aux navires de grand tonnage. Grâce au concours qu'a bien voulu prêter à la colonie M. l'ingénieur-hydrographe Renaud, des études ont été faites à ce sujet, et nous pensons que le projet, tel qu'il est présenté, satisfait à tous les besoins. La nouvelle voie prendrait son origine à Vinh-Huu, sur le bras de Mytho, aboutirait au roch Go-Cong; elle mettrait ainsi le Cua-Tien en communication directe avec le Vaïco; le tracé et le profil ont été réglés de manière à éviter la formation d'un dos d'âne; aux basses mers, la profondeur ne serait pas moindre de 5 mètres; le volume des terres à enlever est d'environ 4,500,000 mètres cubes.

« Les études se poursuivent pour une communication du même genre entre Mytho et Dai-Ngai, et nous pensons qu'il faut réserver à ces projets une somme de 12 millions.

« Le canal de Vinh-Té, de Chaudoc à Hatien, en ouvrant une communication avec le golfe de Siam, est d'une importance de premier ordre; la dépense prévue est de 7 millions, en y comprenant les travaux du port de Hatien.

« Ce serait donc, pour la mise en état de ces lignes d'eau, une dépense totale de 19 millions.

« La colonie réaliserait une grande économie en ne faisant qu'un seul lot des travaux à exécuter; elle permettrait de constituer une Compagnie puissante avec un matériel à vapeur complet.

« D'autres voies secondaires, telles que le canal de Dai-Ngai à Soctrang, de Bac-Lieu à Camau, seront également d'une grande utilité, sans présenter toutefois le caractère d'intérêt général au même degré que les canaux maritimes; elles devront, à notre avis, faire l'objet d'un second réseau sur lequel le Conseil colonial aura à se prononcer ultérieurement. Les dépenses ne seraient pas inférieures à 12 millions.

Routes.

« Le réseau des voies de terre prévues à l'enquête nécessiterait une dépense totale de 35 millions; il y a lieu d'employer dès maintenant une somme de 20 millions pour les travaux les plus urgents.

Edifices publics.

« Il reste à payer pour la cathédrale, environ . .	1.200.000 fr.
« Les campements de tirailleurs entraîneront une dépense de	500.000
« La Cour et le tribunal de Saïgon	800.000
« Les différents établissements scolaires	1.000.000
« Grosses réparations et dépenses imprévues . .	2.000.000
« Total	5.500.000 fr.

Phares et balisage.

« Nous aurons à construire, dans un temps peu éloigné :

« Le phare de Poulo-Condore	150.000 fr.
« Le phare de Congioc	150.000
« Le phare du cap Padaran	150.000
« Balises (le travail est à peu près achevé et payé) .	50.000
« Total	500.000 fr.

Chemins vicinaux. — Arroyos.

« Nous préparons, en ce moment, le classement des chemins vicinaux et des arroyos de navigation intérieure. Les travaux de construction et d'entretien seront à la charge des villages qui disposent de la main-d'œuvre nécessaire, et qui s'y prêteront d'autant plus volontiers qu'ils en retireront un bénéfice immédiat et qu'ils n'auront plus à fournir les grandes corvées.

« Les ponts et ouvrages d'art, dans certains cas la fourniture des dragues, nécessiteront l'intervention de l'Administration centrale. Nous croyons qu'un fonds de concours, dont le Conseil colonial arrêtera la répartition, devra venir en aide aux communes; nous le portons pour une somme de 5 millions.

« En résumé, l'ensemble des travaux à exécuter comprend les dépenses ci-après :

« Carte de la Cochinchine	3.000.000 fr.
« Canaux — 1er réseau	19.000.000
« Canaux — 2e réseau	12.000.000
« Routes	35.000.000
« Edifices publics	5.500.000
« Phares et balisage	500.000
« Fonds de concours aux villages	5.000.000
« Total	80.000.000 fr.

« Les prévisions s'appliquent donc à une somme de 80 millions; mais, en ajournant les travaux les moins urgents, la dépense se trouve réduite :

« Carte	1.500.000 fr.
« Canaux	14.000.000
« Routes	20.000.000
« Edifices publics	4.000.000
« Phares et balisage	500.000
« Fonds de concours aux villages	2.500.000
« Total	42.500.000 fr.
« Les ressources disponibles étant de	69.500.000
il resterait disponible	27.000.000 fr.
tandis que l'application entière du programme laisserait un déficit de	10.500.000 fr.

« Sauf les canaux qui exigent une adjudication d'ensemble, tous les autres travaux peuvent être entrepris au fur et à mesure de la rentrée des ressources; on a ainsi la certitude de ne pas s'engager au delà des moyens dont on dispose.

CHEMINS DE FER

« Le chemin de fer est le plus puissant de tous les instruments de progrès et de civilisation. Quand on concède une ligne, on ne doit pas se préoccuper outre mesure des bénéfices que procurera l'exploitation; à ce point de vue, tous les travaux publics : routes, canaux, ports, rades, etc., etc., seraient inutiles, car, loin de produire, ils nécessitent un entretien coûteux. Il s'agit avant tout de considérer le service rendu.

« J'estime que, un peu plus tôt, un peu plus tard, il sera nécessaire de nous relier à Pnom-Penh par une voie ferrée portant la vie et la lumière dans une région qui est complètement inconnue, que quelques rares voyageurs ont parcourue de loin en loin. Dans les dix premières années, la garantie d'intérêt, en tenant compte de la période d'exécution, pourrait s'élever à 10 millions.

« Mytho est la véritable clef du Mé-Kong, le point d'attache direct avec Saïgon; ce port fluvial est appelé à un grand avenir et nous estimons qu'une seule communication par le canal maritime ne suffira pas; qu'il deviendra indispensable, dans un avenir prochain, d'établir un tramway à vapeur pour le service des voyageurs et des messageries. La distance entre Mytho et la ville chinoise de Cholon, déjà desservie par la ligne concédée à M. Ogliastro, étant de 66 kilomètres, la dépense de construction, à raison de 30 francs par mètre, s'élèverait à 1,980,000 francs, et la garantie d'intérêt à 6 p. 100 serait de 118,800 francs. Quant aux frais d'exploitation, ils ne dépasseraient pas 3,000 francs par kilomètre, soit 198,000 francs. Ce serait donc pour la colonie, en ne supposant aucune recette, une garantie maximum de 316,800 francs, et pour sept ans de la période décennale, en accordant trois ans pour l'achèvement, une garantie totale de 2,217,000 francs.

« Les engagements de la colonie pour ces deux lignes ferrées varieraient entre 12 et 13 millions.

« Si l'on remarque que l'ajournement d'une partie de nos projets nous constitue une réserve de 27 millions, on voit que la colonie peut garantir l'exploitation sans courir le risque de dépasser ses forces contributives.

« Tel est, mon cher Directeur, l'ensemble de notre situation. Je désire que chacun puisse s'en rendre un compte exact; que le Conseil colonial, qui aura, ainsi que je vous l'ai dit plus haut, à décider l'exécution d'un programme, soit en mesure d'étudier à l'avance les travaux à entreprendre et d'en apprécier l'ordre d'urgence. L'œuvre est trop considérable pour que nous ne fassions pas appel aux lumières et à l'expérience de toutes les personnes qui désirent comme moi la grandeur et la prospérité de notre colonie.

« Agréez, mon cher Directeur, etc.....

« Le Gouverneur. »

VOIES DE COMMUNICATION

RAPPORT de l'Ingénieur en chef.

« Conformément aux instructions de M. le Gouverneur, nous avons étudié la création d'un réseau de routes terrestres dans la colonie. Il est à peine nécessaire de démontrer l'utilité de ces voies; les tentatives faites par les Annamites eux-mêmes pour assurer leurs communications par terre en sont la meilleure preuve, et on pourra s'assurer que les routes comprises dans le tableau joint au présent rapport empruntent presque généralement les tracés déjà sanctionnés par la pratique, et que les travaux à entreprendre consisteront moins dans l'ouverture de voies nouvelles que dans l'amélioration et la mise à l'état d'entretien normal des routes importantes qui sillonnent déjà le sol de la Cochinchine.

« La mise en valeur des vastes terrains encore imparfaitement cultivés, le développement des industries diverses qu'elle comporte, les relations administratives, l'intérêt de la défense elle-même, sont intéressés au plus haut degré à la création d'un réseau de voies terrestres régulièrement entretenues et d'une bonne viabilité.

« La création de ce réseau n'implique nullement, du reste, l'abandon des voies fluviales naturelles qui ont été jusqu'à ce jour presque exclusivement employées au transport des personnes et des marchandises; l'Administration ne se dissimule pas l'importance de ces voies si commodes et si économiques à certains égards, et elle ne se fait pas illusion sur les sacrifices nécessaires que réclame leur état actuel; mais elle pense avec raison qu'en Cochinchine, comme dans tous les pays du monde, les communications terrestres sont le complément nécessaire des voies fluviales naturelles. Nous reviendrons, dans un travail plus étendu et qui touche à sa fin, sur cette étude comparative qui sortirait du cadre de l'avant-projet que nous présentons aujourd'hui; nous croyons du reste que, sous l'impulsion de la nouvelle Administration, un revirement heureux des esprits s'est produit en faveur de ces routes de terre que nous regardons comme la condition première du développement économique de la colonie; l'opinion publique les réclame avec instance, et, récemment encore, la voix autorisée du président du Comité agricole et du Jury de l'Exposition les mettait au premier rang des vœux présentés au gouverneur, à l'ouverture de cet intéressant concours.

« Le moment est venu de passer de la discussion aux actes et de se mettre résolument à l'œuvre; le réseau que nous avons étudié et que nous proposons de soumettre à l'opinion publique, par voie d'enquête administrative, comprend un parcours de 2,674 kilomètres, dont 939 kilomètres de routes coloniales et 1,735 kilomètres de routes d'arrondissements. Cette distinction ressort, non de l'imputation des frais de construction et d'entretien qui devront sans doute longtemps encore incomber au budget général de la colonie, mais du caractère même de la circulation que les routes sont appelées à desservir; nous avions classé dans les routes de première catégorie, dites coloniales, celles qui rayonnent de Saïgon vers les confins de la colonie, dont elles forment les principales artères, et celles qui, moins étendues, mettent en relation directe les centres administratifs. Les routes de deuxième catégorie, dites d'arrondissement, serviront des intérêts présentant un caractère plus local; elles relieront au chef-lieu d'arrondissement les marchés importants et les principales agglomérations; elles constitueront un réseau secondaire qui fera affluer les produits de l'intérieur vers les routes coloniales, les grands fleuves et, plus tard, vers les voies ferrées qui se substitueront, nous en sommes certain, aux principales routes coloniales. Les unes et les autres ont été dirigées de façon à desservir tous les postes militaires et à prêter, au point de vue du mouvement des troupes, un précieux concours à la défense des fleuves. Les tracés que nous proposons ne sont, bien entendu, qu'approximatifs et déterminés seulement par les centres à desservir; une étude détaillée de chaque voie, suivant l'ordre de priorité qui sera ultérieurement adopté, transformera successivement en projet définitif l'avant-projet que nous présentons aujourd'hui et qui nous paraît suffire pour une décision de principe.

« Nous avons, dans le choix des voies, tenu le plus large compte des habitudes des populations, des parcours déjà adoptés, et nous avons trouvé une aide précieuse chez les administrateurs des affaires indigènes, qui, placés plus près des populations à desservir, chargés de la sauvegarde de leurs intérêts, ont pu donner à nos agents de l'intérieur les plus utiles indications.

« Bien que l'étude préalable que nous présentons ne puisse comporter un compte exact des dépenses, il nous paraît utile, pour ne pas laisser l'opinion publique s'égarer dans de fausses appréciations, de faire connaître que les études déjà effectuées pour près de 200 kilomètres de route nous permettent d'évaluer le coût kilométrique moyen à environ 13,000 francs; la création totale du réseau entraînera donc une dépense de 35 millions de francs environ, soit moins de 20 francs par habitant.

« Nous proposons de soumettre le dossier joint au présent rapport à une enquête de trente jours, qui serait simultanément ouverte à Saïgon, à Cholon et dans toutes les inspections de l'intérieur.

« Saïgon, le 1er avril 1880.

« *L'Ingénieur en chef des travaux publics,*

« THEVENET. »

---

3 avril 1880. — ARRÊTÉ du Directeur de l'Intérieur ordonnant l'enquête d'utilité publique et nommant la Commission chargée de présenter des conclusions dans un procès-verbal.

---

10 mai 1880. — LETTRE du Gouverneur aux Administrateurs des affaires indigènes, au sujet des chemins vicinaux de petite communication.

« MONSIEUR L'ADMINISTRATEUR,

« Un arrêté du directeur de l'Intérieur, en date du 3 avril, a ouvert une enquête sur le classement des routes coloniales et des routes d'arrondissements, prévues pour une longueur de 2,674 kilomètres. Ce réseau de voies de communication constitue les grandes artères, mais il est loin de satisfaire à tous les besoins d'une population agricole dont les cultures s'accroissent de jour en jour et qui se trouve dans la nécessité, pour ne pas arrêter ce développement de richesse, de substituer la traction par animaux au portage, employé presque exclusivement pour la rentrée des récoltes. Il nous faut donc préparer le classement et assurer la construction et l'entretien :

« 1° De chemins vicinaux de grande communication reliant les cantons entre eux;

« 2° De chemins de petite communication reliant les villages aux cantons et aux arroyos.

« Partout où l'état du sol permet à l'initiative individuelle de créer des moyens d'accès, les Annamites ont ouvert d'eux-mêmes de nombreux chemins ruraux praticables aux voitures; dans ces cantons, nous n'aurons qu'à améliorer et à développer ce qui existe déjà. Dans les régions de l'ouest, au contraire, les populations sont restées en retard; les villages ne communiquent entre eux que par les talus de rizières, parce que l'ouverture d'un chemin entraîne la construction de chaussées et de ponts qui nécessitent des dépenses considérables et des travaux d'ensemble. C'est à l'Administration qu'il appartient de remédier à cet état de choses en groupant les forces de chaque localité et en les faisant concourir à un but commun.

« Pour obtenir un résultat durable, il faut que les populations s'intéressent à nos travaux et en comprennent l'utilité. Vous réunirez au chef-lieu d'arrondissement les chefs et sous-chefs de canton; vous leur ferez connaître le but que nous poursuivons; vous les consulterez sur l'utilité des chemins dont le classement vous paraît nécessaire, et vous en arrêterez l'état provisoire.

« Lorsque cette première opération sera achevée, un ou deux notables, désignés par chaque village, procéderont au chef-lieu de canton, sous votre présidence ou celle de vos délégués, au classement des chemins de petite communication.

« L'importance du rôle que ces assemblées sont appelées à jouer ne vous échappera pas; plus tard, constituées régulièrement, elles deviendront des Conseils d'arrondissement et de canton chargés de représenter les intérêts de chaque circonscription.

« Cette création, conforme à l'esprit de nos lois et de notre civilisation, est devenue indispensable. Nous ne saurions plus longtemps laisser chaque groupe de population en dehors de l'action générale, chaque village former une sorte de communauté étrangère et parfois hostile au village voisin.

« Vous profiterez de la réunion des assemblées d'arrondissement et de canton pour examiner la question des corvées qui doivent fournir les ressources de la vicinalité; celles attribuées à l'Etat ont été, en réalité, transformées en impôt personnel, depuis que nous avons renoncé à les employer pour les travaux d'utilité publique, et je ne crois pas que de grands abus puissent se produire, sauf en ce qui touche la répartition. Mais il ne saurait en être de même pour les vingt-huit journées abandonnées aux villages; sont-elles exclusivement utilisées au profit de la communauté? Ne serait-il pas possible d'en diminuer le nombre, en assurant un meilleur emploi, en organisant le travail à la tâche? Il y a sur ce sujet à entreprendre toute une étude économique et administrative, et je vous serai reconnaissant des renseignements que vous me communiquerez.

« Dans vos prévisions de dépenses, vous ne devrez pas négliger les travaux d'entretien des arroyos qui, en Cochinchine, constituent de véritables voies de communication vicinale; peut-être y aurait-il lieu de procéder à un classement comme pour les chemins. C'est une question sur laquelle vous consulterez les assemblées de canton et d'arrondissement.

« Vous aurez également à prévoir la solde et l'entretien d'un personnel d'agents voyers indigènes qui seraient placés sous votre direction, en dehors de la grande voirie. Nous avons en ce moment peu de sujets suffisamment instruits, mais j'ai lieu de croire qu'il nous sera facile de former à bref délai de bons piqueurs annamites.

« En résumé, Monsieur l'Administrateur, il s'agit de procéder, avec le concours des chefs de canton, des notables, représentants autorisés et légaux de la population, à une sorte d'enquête sur les voies de communication. Les Annamites, soyez-en persuadé, reconnaîtront dans cette mission une nouvelle preuve de notre sollicitude à leur égard; ils comprendront que le gouvernement de la République tient à les traiter comme de véritables citoyens français. Ils sauront se rendre dignes de la confiance que nous leur témoignons.

« Agréez, etc.....

« LE GOUVERNEUR. »

INSTRUCTIONS du Directeur de l'Intérieur aux Administrateurs.

« Saïgon, le 25 juin 1880.

« MONSIEUR L'ADMINISTRATEUR,

« De tous les services, le plus important, celui qui contribue le plus au développement de la richesse publique, est sans contredit celui des voies de communication. Par divers arrêtés, le chef de la colonie a réglé l'organisation de la grande voirie; il reste aujourd'hui à assurer l'entretien et la construction des chemins vicinaux et des arroyos.

« La direction de l'Intérieur ne saurait se charger de l'administration des innombrables détails d'un service qui s'étend sur une superficie de 6 millions d'hectares, qui comprend plusieurs milliers de kilomètres de chemins et de voies navigables; son intervention, du reste, multiplierait outre mesure les écritures, et une centralisation excessive n'amènerait que la confusion, tout en laissant improductives les différentes ressources dont nous disposons.

« C'est aux administrateurs qu'il appartient de diriger le service vicinal, d'assurer le recouvrement des ressources. Ils rempliront à cet égard les mêmes fonctions que le préfet dans la métropole; ils seront assistés des chefs de cantons, représentants légaux de la population, qui, constitués en Conseil, voteront le budget.

« Comme vous le savez, M. le Gouverneur a décidé, en principe, que désormais les grandes corvées ne seraient plus convoquées : il considère ce mode d'emploi de la main-d'œuvre comme ruineux pour les populations et peu profitable au Trésor. Les Annamites verront dans cette mesure une nouvelle preuve de la sollicitude du gouvernement de la République à leur égard, particulièrement la classe pauvre, qui y trouvera l'affranchissement d'une servitude qui, pour être volontaire, n'en était pas moins lourde.

« Je pense que désormais tout habitant adulte, sauf les cas d'infirmité ou de faiblesse d'esprit, devra être inscrit sur les contrôles de la capitation depuis l'âge de vingt et un ans jusqu'à celui de soixante ans. L'impôt de 1 franc par tête qu'auront à payer ceux qui en sont dispensés aujourd'hui ne constitue pas une charge sérieuse, surtout si le Conseil colonial, appelé à en délibérer, consent, comme je l'espère, à autoriser un prélèvement de 0 fr. 50 par inscrit pour la vicinalité.

« Au lieu d'être convoqués pour les corvées, les habitants n'auront plus à fournir que cinq journées de prestation par année, pour être employés sur les chemins et arroyos de leur village et de leur arrondissement, sans que les chantiers puissent être éloignés de plus de 6 kilomètres de leur demeure.

« Le travail, loin d'être pour eux une cause de ruine et de mécontentement, dans ces conditions assurerait la satisfaction de leurs besoins, et, pas plus que les cultivateurs des autres pays, ils ne se refuseraient à l'accomplissement d'une tâche dont ils retireraient un bénéfice immédiat.

« En admettant une population de 1,500,000 âmes pour la colonie entière, le nombre des inscrits de toute classe se trouverait porté

à 500,000; chaque habitant devant cinq journées de prestation qui peuvent être évaluées en moyenne à 1 franc l'une, les ressources vicinales de la colonie seraient de . . . . 2.500.000 fr.
auxquels il y a lieu d'ajouter un prélèvement de 0 fr. 50 par inscrit. 250.000

« Total . . . . 2.750.000 fr.

« Cette somme, dépensée annuellement avec ordre et intelligence, en évitant les abus et les concussions, produirait, dans une courte période, de magnifiques résultats.

« Sur les cinq journées de prestation, trois pourraient être affectées aux chemins et arroyos de grande communication, tels qu'ils seront classés par les commissions actuellement en cours; ce serait ainsi une somme de. . . . . 1.500.000 fr.
dont les administrateurs disposeraient annuellement pour les travaux d'arrondissement, en y ajoutant la moitié du prélèvement de 0 fr. 50 sur les inscrits. 125.000

« Total. . . . . 1.625.000 fr.

« Et pour dix ans. . . . . 16.250.000 fr.

« Si, comme tout le fait espérer, le Conseil colonial décide que des subventions annuelles, jusqu'à concurrence de 4 à 5 millions, seront accordées dans la période décennale, les ressources pour les voies vicinales d'arrondissement seraient, en dix ans, de 20 millions.

« M. le Gouverneur désire que vous étudiez cette question dans tous ses détails et que votre rapport me soit adressé avant le 15 septembre, pour que le Conseil colonial puisse être saisi dans sa prochaine session.

« Dans la préparation de votre travail, vous aurez à tenir compte des classements proposés par les assemblées de canton et d'arrondissement, ainsi que de tous les renseignements statistiques fournis par l'enquête en cours; vous devrez y joindre un projet de budget, en recettes et en dépenses, en y comprenant l'entretien des ouvrages existants et le paiement du personnel permanent, un programme d'ensemble sur les travaux à exécuter et les ressources à y affecter pendant la période décennale.

« Enfin, vous préparerez un projet de règlement sur le service. J'ai pensé qu'en présence des conditions économiques et topographiques différentes que présente chaque arrondissement, il était préférable de laisser à chacun de vous le soin d'approprier un règlement aux besoins et aux ressources.

« Peut-être y aurait-il lieu d'autoriser le rachat de la prestation; c'est une mesure sur laquelle je vous serai obligé de me faire connaître votre avis.

« Je ne saurais trop vous recommander, Monsieur l'Administrateur, d'étudier ces diverses questions avec le plus grand soin. Ce sera, en réalité, la première expérience d'une décentralisation administrative que le chef de la colonie considère comme indispensable et dont il attend les meilleurs résultats, grâce à votre concours et à votre dévouement.

« Agréez, etc.....

« *Le Directeur de l'Intérieur P. I.*,

« NOUET. »

Par divers arrêtés, le gouverneur, sur le rapport du chef de service des travaux publics du 1er avril 1880; sur la délibération du Conseil colonial en date du 6 novembre 1880; sur la proposition du directeur de l'Intérieur; le Conseil privé entendu, prononce le classement des routes et des arroyos :

Routes coloniales.	939	kilomètres.
Routes d'arrondissements	3.155	—
Arroyos de grande communication. . . .	2.763	—

Direction de l'Intérieur.

« Saïgon, le 20 janvier 1882.

« MONSIEUR L'ADMINISTRATEUR,

« Dès l'achèvement de la récolte du riz, vous devrez vous occuper d'une manière toute spéciale de la vicinalité de votre arrondissement; aucune question ne présente plus d'intérêt pour le développement de la richesse agricole de la colonie. Les états du rôle de l'impôt foncier démontrent, en effet, que les cultures commençant à s'étendre en dehors de la zone de débardage par les arroyos, le mouvement d'extension, qui nous donne de si grandes espérances pour un avenir prochain, ne tarderait pas à s'arrêter, si nous n'assurions pas les communications terrestres et fluviales.

« Au point de vue de l'instruction primaire, qui doit contribuer dans une large part à l'assimilation des Annamites, la vicinalité ne joue pas un rôle moins important, car le nombre d'élèves fréquentant les écoles est généralement en proportion de celui des chemins.

« Les Annamites, qui, mieux que personne, connaissent leurs véritables intérêts, réclament avec instance qu'il soit donné satisfaction à leurs légitimes demandes et que, tout au moins, on rétablisse les voies qui existaient avant la conquête.

« Ce n'est pas que l'Administration ait jamais été hostile à la construction de chaussées : plusieurs d'entre vous ont fait de louables efforts pour doter leurs arrondissements de communications régulières, mais ces efforts sont restés stériles, parce qu'ils n'ont pu être continués avec persévérance, faute d'institutions, parce qu'un programme d'ensemble n'avait pas été arrêté, qu'on avait voulu créer des chemins vicinaux avant d'assurer la construction et l'entretien des grandes lignes.

« Nous avons renouvelé en Cochinchine la faute qui avait été commise en France, de 1836 à 1842, et qui avait rendu infructueuse la magnifique loi de 1836 à qui la France doit la plus grande partie de sa prospérité.

« La route est la grande artère sur laquelle viennent se brancher toutes les voies secondaires; si elle est coupée, le mouvement s'arrête immédiatement. A quoi servent de bons chemins, si, à quelques kilomètres de l'habitation, ils se trouvent sans débouché et si le transport des marchandises et des personnes ne peut plus s'effectuer? Aussi, est-il passé à l'état d'axiome que pour avoir de bons chemins, il faut commencer par avoir de bonnes routes, sur lesquelles la circulation est assurée en tout temps et à toute heure.

« Dans sa dernière session, le Conseil colonial a classé les routes des deux catégories et n'a pas hésité à inscrire des crédits élevés pour la construction.

« Vous connaissez maintenant ce réseau, vous savez les territoires qu'il dessert, vous pouvez déterminer d'une manière définitive les points d'aboutissement des chemins vicinaux et arrêter l'immense canevas qui permettra, dans un avenir plus ou moins éloigné, suivant les ressources et les besoins, de desservir toute la superficie de la colonie.

« M. le Gouverneur a approuvé le 3 décembre et le 12 janvier, conformément à vos propositions et à l'avis des Conseils d'arrondissement, le classement des chemins et arroyos de grande communication ; c'est à vous de prononcer celui des chemins et arroyos de petite communication, après avis des Conseils d'arrondissement et sur la proposition des Conseils de canton.

« La reconnaissance et le programme de notre voirie se trouveront ainsi achevés. C'est une œuvre considérable qui permet d'arrêter un programme d'exécution et assure l'imprescriptibilité des voies déjà existantes.

« Le Conseil colonial a doté le service des routes, pour l'exercice 1881, de plus de 2 millions, et celui de la navigation de 800,000 fr. Vous trouverez le détail au budget.

« C'est à vous qu'il appartient d'assurer la construction et l'entretien des voies vicinales ; M. le Gouverneur ne pense pas que la direction de l'Intérieur doive intervenir dans les détails du service, d'un intérêt plutôt municipal que général ; une trop grande centralisation compliquerait, en effet, outre mesure les écritures, entraînerait des retards inévitables, découragerait les efforts individuels et n'amènerait pas de bons résultats.

« Je me contenterai, par conséquent, de vous tracer la marche à suivre et d'encourager avec une constante sollicitude les efforts que vous ne manquerez pas de faire pour doter les cantons de votre arrondissement des voies de communication fluviales et terrestres dont ils ne sauraient se passer sans dommage pour le développement de leur richesse agricole et de leur commerce.

« Votre premier soin sera d'établir votre budget avec le concours du Conseil d'arrondissement et de déterminer les voies auxquelles seront affectés les crédits.

« Les ressources dont vous disposez sont :

« 1° Subvention de la colonie, 1 franc par homme valide ;

« 2° Trois journées sur les cinq à fournir par homme valide, évaluées en argent ;

« 3° Rachat des prestations ;

« 4° Transports par barques ou voitures, évalués en argent ;

« 5° Subventions des villages ;

« 6° Sacrifices volontaires, ressources diverses.

« Les dépenses comprennent :

« 1° Les remises pour frais de perception, dont le montant sera déterminé ultérieurement ;

« 2° Solde et indemnités du personnel ;

« 3° Entretien et solde des cantonniers ;

« 4° Travaux neufs.

« J'appelle votre attention sur la nécessité de faire des travaux solides et durables ; autant que possible, employez des pieux en fer pour l'établissement des ponts ; la colonie, qui en possédera un approvisionnement d'ici quelques mois, vous les cédera au prix coûtant et se chargera au besoin de la pose.

« Un chemin ne peut être convenablement entretenu qu'autant qu'il est régulièrement construit ; la présence permanente de cantonniers est nécessaire, chaque saison a ses travaux particuliers.

« Cette méthode qui, au premier abord, semble lente et coûteuse, est, en réalité, la plus économique et la seule qui donne de sérieux résultats. En voulant trop embrasser dans l'exécution, vous dissémineriez vos forces, vous ne fonderiez rien de durable, et si votre successeur montrait moins de zèle ou ne partageait pas vos vues, tous vos travaux seraient compromis.

« C'est ainsi que plusieurs millions ont été dépensés en pure perte et que nous sommes moins avancés qu'en 1869, car alors nos principales routes étaient praticables à l'artillerie (rapport de l'amiral Ohier).

« Vous prescrirez l'élagage des arbres sur les rives des arroyos et vous ferez enlever les végétations et les ouvrages de main d'homme qui peuvent entraver la circulation ou amener des atterrissements. L'exécution de ces prescriptions est indispensable, si nous voulons éviter que certains cours d'eau, d'une importance considérable pour le commerce, ne cessent bientôt d'être navigables.

« Ultérieurement, vous aurez à préparer, de concert avec le Conseil d'arrondissement, un règlement vicinal en vous basant sur les principes de la loi du 21 mai 1836 ; les dispositions de cet acte important devront naturellement varier selon les ressources, les besoins, la constitution du sol de chaque arrondissement.

« Vous remarquerez, Monsieur l'Administrateur, que, pour la première fois, vous aurez sur ce point des attributions définies, une responsabilité personnelle.

« Vous tiendrez, j'en suis persuadé, à mériter la confiance que vous témoigne M. le Gouverneur, et vous saurez assurer le succès d'une entreprise qui doit puissamment contribuer à la prospérité de la colonie.

« Agréez, etc.....

« *Le Directeur de l'Intérieur*,
« BÉLIARD. »

Direction de l'Intérieur.

« Saïgon, 26 juillet 1882.

« MONSIEUR L'ADMINISTRATEUR,

« L'arrêté du 12 décembre 1880, classant les routes de la Cochinchine, a eu pour but principal de constater les droits de la colonie et de déterminer les voies de communication possédant le caractère d'utilité publique.

« La longueur des routes coloniales a été fixée à 939 kilomètres, représentant, au prix de 30 francs le mètre (ponts compris), une dépense de 28,170,000 francs.

« Celle des routes d'arrondissement, à 2,049 kilomètres qui, au prix de 20 francs le mètre (les ponts sont moins nombreux et moins longs), donnent une dépense de 40,980,000 francs; total de la longueur : 2,988 kilomètres; total de la dépense : 69,150,000 francs.

« Nous ne nous étions pas, à l'origine, préoccupés d'assurer les ressources, laissant au Conseil colonial le soin de prélever les crédits sur l'ensemble du budget, au fur et à mesure qu'il jugerait utile l'achèvement des voies nouvelles.

« Depuis le classement, un grand acte administratif, dont toute l'importance ne se révélera qu'avec les années, s'est accompli en Cochinchine.

« La prestation a remplacé la corvée; dès la première année, grâce à votre concours et à celui de vos collègues, il a été ouvert par les prestations 500 kilomètres de chaussées, empierré 17 kilomètres, construit 73 ponts d'une longueur de 824 mètres; de sérieuses améliorations ont été apportées à la navigation par l'enlèvement de 341,000 mètres cubes de vase. Les résultats obtenus en 1881 sont encore plus satisfaisants, et nous avons acquis la certitude que, dans une période maximum de dix années, la colonie sera dotée d'un magnifique réseau de voies vicinales, fluviales et terrestres, pénétrant jusque dans les hameaux les plus éloignés.

« Mais tous les chemins vicinaux, artères secondaires, viennent s'embrancher sur les routes coloniales et d'arrondissement dont l'achèvement n'aurait pas lieu avant de longues années; les communications seraient donc interrompues et les sacrifices des communes risqueraient de rester improductifs s'il n'était pas porté remède à un pareil état de choses.

« J'estime que, dans ces conditions, les arrondissements auraient avantage à prendre à leur charge les routes d'arrondissement qui sont principalement destinées à relier entre eux les cantons et les arrondissements, qui ne comportent pas de grands travaux d'art et qui n'offrent pas le même caractère d'utilité publique que les routes coloniales. La colonie, en consacrant toutes ses ressources à ces dernières voies, pourrait terminer dans une période de dix années celles qui ont un véritable caractère d'urgence, et les communications se trouveraient ainsi suffisamment assurées.

« Je vous prie de profiter de la prochaine réunion des Conseils d'arrondissement pour les consulter sur cette importante question. Vous aurez soin de me faire connaître le numéro et la longueur des routes dont ces assemblées accepteraient le déclassement et vous porterez à votre budget les crédits nécessaires à la construction.

« Dans le cas où des ponts de 30 mètres et au-dessus seraient nécessaires, vos ressources et vos moyens d'action ne vous permettant pas de les établir, l'intention de M. le Gouverneur serait de demander au Conseil colonial de se charger des travaux, qui seraient alors exécutés par les Ponts et Chaussées.

« Agréez, Monsieur l'Administrateur, etc.....

« *Le Directeur de l'Intérieur,*

« BÉLIARD. »

LES PONTS

Dans un delta alluvionnaire et marécageux, coupé d'innombrables arroyos, où le terrain solide ne se rencontre parfois qu'à des profondeurs de 25 mètres, l'ouverture des voies de communication terrestre était subordonnée à la construction de ponts d'un prix peu élevé, d'un montage facile, n'exigeant pas de culées en maçonnerie. La question fut résolue par les passerelles saïgonnaises, dont la note ci-dessous explique l'économie (août 1881) :

« M. le gouverneur de Cochinchine m'ayant signalé l'intérêt que présenterait pour nos colonies la création d'un type de ponts simples, d'un transport et d'une mise en place faciles, et dont on pourrait faire varier la portée, tout en le composant d'un petit nombre d'éléments tous semblables entre eux, j'ai cherché à réaliser un type qui satisfît aux différentes conditions qu'avait bien voulu m'indiquer M. le Gouverneur.

« L'idée principale de ce système consiste dans l'assemblage et la juxtaposition d'éléments triangulés au lieu d'éléments linéaires qu'emploient les Américains pour la solution de problèmes analogues. Les éléments triangulés ainsi appliqués, ayant par eux-mêmes une rigidité propre, il en devient d'autant plus facile de constituer avec eux un ensemble formant lui-même un système rigide.

« Dans cet ordre d'idées, les poutres principales sont composées d'un ou de plusieurs de ces éléments, présentant la forme d'un triangle de 6 mètres de longueur et de $1^m,50$ de hauteur; ces éléments constitués par des cornières ayant toutes leurs ailes saillantes d'un même côté, pouvant se placer dos à dos, en se recouvrant successivement sur la moitié de leur longueur, de manière à bien assurer leur accouplement, ce qui permet alors, en les réunissant à leur partie supérieure par des axes et à leur partie inférieure par des tirants boulonnés aux sommets des triangles, de former des poutres de 6, 9, 12, 15 et 18 mètres de longueur.

« Pour des portées dépassant 18 mètres, il deviendrait avantageux, tout en gardant la forme générale de l'élément triangulé, d'en augmenter les dimensions et de créer une nouvelle série.

« Chacune des poutres porteuses étant ainsi constituée, on en formera un pont en réunissant deux de ces poutres par des cadres spéciaux d'un type unique, qui assurent leur solidité transversale et qui maintiennent les poutres à un écartement de $1^m,50$ correspondant à l'écartement normal des roues des véhicules. Il ne reste plus enfin qu'à recouvrir cette ossature d'un platelage en bois pour permettre le passage des voitures.

« On voit, d'après ce qui précède, que le montage de ces ponts est de la plus grande simplicité. Il ne nécessite, en effet, que la pose de :

« 4 boulons pour le pont de. . . . . 6 mètres.
« 16 boulons — 9
« 28 boulons — 12
« 40 boulons — 15
« 52 boulons — 18

« Quant aux transports et aux manœuvres de mise en place, on a cherché à diminuer autant que possible le poids des éléments constitutifs des ponts et on a été conduit à employer l'acier au lieu du fer, ce qui a permis de faire travailler les pièces à 12 kilogrammes par millimètre carré de section nette, au lieu de 6 kilogrammes employés habituellement.

« Avec l'emploi de l'acier, les différents éléments entrant dans la composition des ponts ont le poids suivant :

« 1 Elément triangulé . . . . 200 kilogr.
« 1 Entretoisement. 50
« 1 Tirant. 25

« Le tableau ci-dessous donne la composition et le poids des ponts de 6 à 18 mètres :

DÉSIGNATION	NOMBRE DE				POIDS TOTAL	POIDS par MÈTRE
	Fermes.	Entretoisements.	Tirants.	Boulons.	K.	K.
Pont de 6 mètres. . .	2	1	0	4	600	100
— 9 — . . .	4	2	2	16	1,250	139
— 12 — . . .	6	3	4	28	1,700	158
— 15 — . . .	8	4	6	40	2,600	173
— 18 — . . .	10	5	8	52	3,200	177

« Ces ponts ont été calculés pour supporter une charge de 200 kilogrammes par mètre carré, uniformément répartis sur un platelage de 2m,50 de largeur, soit un chariot de 2,000 kilogrammes, traîné par deux chevaux.

« G. EIFFEL. »

4,000 à 5,000 mètres de ces ponts ont été construits en Indo-Chine; aucun n'a fléchi, plusieurs ont pu être démontés et reconstruits, lorsque le cours des arroyos s'est déplacé.

PRINCIPAUX TRAVAUX EXÉCUTÉS EN COCHINCHINE DE 1879 A 1882.

Construction de routes coloniales;

Construction de la Direction de l'Intérieur;

Etablissement d'une conduite d'eau;

Construction de maisons d'habitation pour les secrétaires de l'Intérieur;

Arrêté du 20 décembre 1880 déclarant d'utilité publique l'établissement d'une ligne de tramway à vapeur entre Saïgon et Cholon;

Arrêté du 7 février 1881 déclarant d'utilité publique la construction du Palais de Justice;

Construction du phare de Poulo-Condore et éclairage de la rivière de Saïgon;

Décret du Président de la République, en date du 24 août 1881, approuvant la convention intervenue entre le gouverneur de la Cochinchine et M. Joret, ingénieur à Paris, pour la construction et l'exploitation du chemin de fer de Saïgon à Mytho;

Mise en adjudication des dragages pour la somme de 15 millions;

Construction des chemins vicinaux;

Achèvement de l'hôpital maritime;

Construction de l'hôpital indigène de Cholon;

Doublement du service de la vaccine.

CHAPITRE VII

Rapport d'ensemble du gouverneur. — Réforme des impôts. — Péréquation de l'impôt foncier et de l'impôt personnel par voie de dégrèvement. — Suppression du servage et subsitution de l'individualisme au collectivisme oligarchique. — Rapports des administrateurs et des directeurs de l'Intérieur (octobre et novembre 1880). — Vote du Conseil colonial. — Proclamation du gouverneur (17 novembre 1880). — Lettre au Président de la République, du 10 mai 1881, abolissant la grande corvée. — Résultat financier des réformes. — Décret du Président de la République approuvant la suppression de la ferme d'opium et son remplacement par la régie.

RAPPORT d'ensemble du Gouverneur.

« Saïgon, le 24 novembre 1880.

« Monsieur le Ministre,

« Depuis longtemps, je pressentais qu'il devait exister dans l'organisation politique et sociale de la Basse-Cochinchine des lacunes et des contradictions de même nature que celles qui ont été relevées au sujet de l'administration et de la justice. Malheureusement, les documents statistiques font défaut, la législation et les mœurs annamites sont peu connues, les livres manquent, et, dans cette obscurité générale, il devient fort difficile de déterminer la situation exacte du pays.

« J'ai été obligé de procéder à un véritable travail d'analyse et de reconnaissance; tout imparfait qu'il soit, je pense qu'il contribuera à dégager la vérité.

« Si mes appréciations sont exactes, la petite propriété tendrait à disparaître dans certains cantons; par contre, le prolétariat se développerait; l'oligarchie municipale, base essentielle de la constitution politique de l'Annam, ne fonctionnerait plus que par tradition, sans la protection et la réglementation de la loi; inconsciemment, nous détruirions la civilisation annamite, sans rien mettre à sa place; nous marcherions à une sorte de révolution sociale.

« Pour se rendre un compte exact de la situation actuelle, qui n'est que la résultante des dispositions successives prises en vue de satisfaire aux besoins du jour, à titre d'expédient, je ne saurais me dispenser de remonter dans le passé et d'étudier :

« 1° L'organisation politique et administrative de l'Annam;

« 2° Le régime financier des mandarins;

« 3° Le régime financier tel qu'il fonctionne dans notre administration.

ORGANISATION POLITIQUE

« Elle ne diffère pas de la nôtre dans sa forme et il n'est pas surprenant que les premiers administrateurs, presque tous officiers de l'armée navale, ne connaissant ni la langue, ni les mœurs des indigènes, étrangers aux études du droit et de l'administration, se soient laissés tromper par les apparences. Trouvant, comme dans la métropole, des préfectures, des sous-préfectures, des cantons, des communes, cette hiérarchie, semblable en tous points à la nôtre, ne pouvait manquer de frapper leur esprit, et ils en ont conclu que les mêmes principes dirigeaient les deux gouvernements. C'est une grave erreur que j'ai moi-même partagée. En Annam, toutes les institutions reposent sur le collectivisme familial; en Europe, l'individualisme est la base essentielle de notre régime politique et nos lois s'occupent avant tout de sauvegarder les droits des citoyens.

« La société indo-chinoise n'est que l'image agrandie de la famille; le Roi est le père de ses sujets; il est la source de toute autorité et en délègue une partie à des mandarins qui, à leur tour, chargent les chefs de village de les représenter; ceux-ci, maîtres absolus dans leur famille, ont également sous leurs ordres directs les dân ou ouvriers de bras. Ces habitants, considérés comme des mineurs, ne possèdent aucun droit politique; ce sont, en réalité, des serfs taillables et corvéables.

« La population masculine est séparée en deux catégories distinctes : les inscrits et les non-inscrits, les citoyens actifs et la plèbe.

« Les premiers sont chargés du paiement de l'impôt et de la police; ils sont pécuniairement responsables et conséquemment possèdent le droit de commander le dân, auquel, en cas de désobéissance, ils infligent des peines corporelles.

RÉGIME ÉCONOMIQUE

« Le Roi, chef d'une grande famille, se préoccupe, avant tout, d'assurer l'existence de ses enfants; l'Administration veille à ce que les greniers soient toujours pleins, les marchés approvisionnés, les denrées à un prix peu élevé; dans ce but, elle interdit la libre exportation des grains et n'en permet la sortie que dans les années d'extrême abondance. Si ces pratiques ne conduisent pas au développement de la richesse, si elles arrêtent l'extension des cultures, nous sommes obligés de reconnaître que, dans des régions comme la Basse-Cochinchine, où les récoltes ne manquent jamais, où l'habitant n'a pas de besoins, la misère doit rester inconnue : chacun a sa subsistance assurée; le riche, dont les magasins regorgent de riz qu'il ne peut vendre, n'hésite pas à en distribuer à ses dân.

« Les revenus du royaume d'Annam se composaient et se composent encore aujourd'hui :

« 1° Des fermes de différentes natures, concédées en majorité à des Chinois;

« 2° De l'impôt foncier;

« 3° De l'impôt des inscrits;

« 4° De l'impôt des soldats;

« 5° De la corvée;

« 6° Des droits de douane, à l'entrée et à la sortie.

« Les riz, provenant de l'impôt foncier, payé en nature, sont emmagasinés au chef-lieu de chaque province et expédiés là où le besoin s'en fait sentir. Rarement l'exportation est permise.

« L'impôt des inscrits n'est que de 2 francs par tête et frappe environ un homme sur cinq.

« L'impôt des soldats est payé par les familles qui ont des enfants sous les drapeaux.

« La corvée est levée, suivant les besoins, par les mandarins jusqu'à concurrence de 48 par inscrit; celui-ci est responsable de la présence du dân sur le chantier, mais en revanche il bénéficie de toutes les journées non employées.

« Pour évaluer le produit des impôts en Basse-Cochinchine, si les provinces étaient encore sous la domination du roi Tu-Duc, il suffit d'établir une comparaison sur les vingt-cinq provinces de l'Annam et du Tonkin.

« Le nombre des inscrits étant respectivement de 750,000 et de 100,000, et les revenus de la seconde s'élevant à 21 millions de francs, ceux de la première seraient de 3 millions, auxquels il y a lieu d'ajouter les corvées et l'impôt des soldats; nous arrivons ainsi à un total de 4,500,000 francs, tandis que nos prévisions budgétaires sont de 20 millions, dont 10 millions proviennent des contributions indirectes.

DU RÉGIME FINANCIER SOUS LA DOMINATION FRANÇAISE

« Dès que nous eûmes pris possession de Saïgon, nous décrétâmes la liberté commerciale à l'importation et à l'exportation. Cette mesure apportait dans l'organisation de la commune et de la société annamites un facteur nouveau dont les effets, peu apparents au début, deviennent aujourd'hui manifestes et paraissent devoir nous conduire, dans un avenir peu éloigné, à une modification complète des rapports des propriétaires fonciers avec la classe ouvrière.

« Incontestablement, la richesse publique s'est développée dans une notable proportion; l'agriculteur, certain de vendre son riz à un prix rémunérateur sur les marchés de Singapour, de Hong-Kong et de Java, a doublé, triplé ses cultures; il spécule sur les grains comme un fermier d'Europe ou d'Amérique. Quand arrive l'arrière-saison, ses magasins sont vides et il ne songe pas à acheter du riz pour faire des avances à ses dàns. Ces malheureux, sans prévoyance, sans épargne, n'ayant pas toujours de salaires, subissent les charges du servage et n'ont plus le bénéfice de l'existence assurée.

« Tant que les anciens propriétaires ont vécu, ils ont conservé la tradition de leurs pères, mais beaucoup sont morts; leurs fils et leurs petits-fils ne pratiquent plus les vieilles coutumes patriarcales; ils exercent leurs droits et négligent leurs devoirs.

« Si nous n'y prenons garde, avant dix ans, la majorité de la population annamite serait réduite au prolétariat agricole, le pire de tous, car le travail de la terre n'est pas permanent et rémunérateur comme celui de l'usine et du chantier.

« Nous conservâmes les contributions directes telles qu'elles fonctionnaient sous le gouvernement annamite, mais nos administrateurs, là encore, se laissèrent tromper par les apparences et par les dénominations. La taxe foncière se transforma, pour eux, en impôt foncier, la taxe des inscrits en impôt personnel et mobilier, et ils voulurent les appliquer selon les formes de l'administration française.

« Cela est si vrai que, dès 1861, on s'occupa de l'établissement du cadastre et qu'on cru pouvoir ajouter à l'impôt des inscrits l'impôt des soldats (10 fr.) et le rachat des corvées (10 fr.).

« L'établissement d'un cadastre en Cochinchine est prématuré et la dépense hors de proportion avec la valeur des terres qui, en moyenne, ne dépasse pas 100 francs l'hectare; les cultures ne sont pas assez fixées pour que les matrices aient quelque stabilité; chaque année, elles subiraient dans certaines régions, ne fût-ce que par le déplacement des eaux, des transformations si importantes qu'elles nécessiteraient de véritables réfections; il nous faudrait un personnel européen innombrable de recenseurs, de contrôleurs, de géomètres.

« Sous le gouvernement annamite, la taxe des inscrits n'était qu'un droit d'enregistrement annuel de la constatation d'un privilège; n'arrivait pas qui voulait à cet honneur constitutif de sérieux avantages, car il donnait le droit de s'occuper des affaires municipales, de commander aux dâns, de profiter des corvées, dont l'emploi n'était pas exigé par l'administration royale; c'était la compensation des charges communales, de la responsabilité qui incombait aux notables pour la police et le paiement de l'impôt. Nous transformâmes, sans nous en rendre compte, l'institution en faisant payer aux inscrits l'impôt des soldats, précédemment supporté par les familles des hommes sous les drapeaux et en rendant obligatoire le rachat des corvées. Cette dernière mesure eut pour conséquence de priver les inscrits d'un bénéfice, en même temps qu'elle leur imposait une charge nouvelle.

« Ces innovations, qui ne furent pas sans influence sur les premières insurrections, durent profondément mécontenter les notables; mais ils ne tardèrent pas à reconnaître qu'en compensation, nous leur abandonnions une entière liberté dans l'administration intérieure des villages.

« Probablement par ignorance, et surtout par impuissance, le personnel étant insuffisant, nous supprimâmes le contrôle incessant des mandarins; chaque village devint une oligarchie indépendante du gouvernement central; c'était la porte ouverte à tous les abus, et ils se sont multipliés avec une effrayante rapidité. La classe ouvrière n'a plus de protection; toute occasion est bonne pour la piller; à la tyrannie du mandarin, nous avons substitué celle des notables, cent fois plus dure, car elle est proche, et le dân n'y échappe que par la fuite.

« Pourvu que l'impôt soit payé, que l'ordre public ne soit pas troublé, nous nous déclarons satisfaits; si cet état de choses était durable, on pourrait invoquer des raisons de prudence pour le maintenir, mais les excès d'autorité se sont développés dans une telle proportion, que le moment n'est pas éloigné où le pauvre finira par se fatiguer d'être pressuré par le riche; comme il a le nombre, il se révoltera et triomphera de ses oppresseurs.

« Deux moyens s'offrent à nous pour éviter cette éventualité : maintenir le dân dans son ignorance, resserrer les liens de son servage, donner en droit aux notables les pouvoirs qu'ils exercent en fait; au contraire, développer la liberté, la richesse, l'instruction et, par des mesures économiques successives, toutes combinées vers un même but, supprimer la plèbe.

« Je n'hésite pas à me prononcer pour la seconde méthode; elle seule est digne de la France; nous ne croyons pas, en outre, qu'il soit possible, lorsque deux races vivent à côté l'une de l'autre, de soumettre la plus nombreuse au servage et de donner à l'Européen une entière liberté.

« L'établissement des taxes foncières vient encore compliquer cette situation : en principe, l'impôt est de quotité; il est dû en raison de la superficie cultivée, mais l'Administration, n'étant pas en mesure de dresser le livre terrier, a été conduite à passer avec les villages une sorte d'abonnement; certains agents, abandonnés à eux-mêmes, obéissant à leurs propres inspirations et aux impressions du moment, fort vives en Cochinchine, ont criblé leurs administrés d'impôts, tandis que d'autres les ont exemptés de toute charge.

« Quand on compare les arrondissements entre eux, on est frappé des différences qui se produisent dans la proportionnalité, différences que rien ne justifie ou n'explique, et qui s'accroissent encore quand on descend au canton et au village.

« L'administrateur de Saïgon, Gia-Dinh, m'écrivait à la date du 31 octobre :

« On peut dire que, dans l'état actuel des choses, les villages et les « propriétaires paient à peu près ce qu'ils veulent, et que l'échelle « des déclarations n'est déterminée que par des circonstances dont « il est impossible de saisir la loi : suivant les consciences ou les « intérêts de chacun, ou la crainte qu'il peut avoir de l'autorité. Par

« suite de ces influences aussi diverses que peu connues, on voit
« certain propriétaire faire porter au rôle toute sa terre, tandis que
« son voisin n'en déclare que le quart. D'autres font inscrire la moitié,
« le tiers, le dixième, le quinzième. Et si des particuliers on passe à
« la masse, on voit la même situation se produire dans les villages
« et les cantons. Le canton d'An-Dien déclare les cinq sixièmes de
« ses cultures, tandis que celui d'An-Thuy n'en déclare que le
« sixième. »

« Dans le village, les abus dépassent toute limite, la taxe de quotité se transforme en impôt de répartition dont l'établissement est confié aux notables. Ceux-ci, n'étant pas surveillés, font supporter toutes les charges sur les dâns; quant à eux, ils ne paient rien et souvent lèvent une imposition supplémentaire à leur profit.

« C'est le régime de la fraude et du bon plaisir.

« C'est l'impôt progressif en raison inverse de la richesse.

« Ces faits, qui constituent la critique la plus amère de notre administration, n'étaient pas ignorés, mais on avait négligé de les constater officiellement, d'en déterminer les origines et, par conséquent, personne n'avait cherché à combattre le mal.

« Les dégrèvements qui ont été accordés n'ont fait que rendre la solution plus difficile, car ils ont resserré les limites dans lesquelles nous serons obligés d'opérer la péréquation. Tel arrondissement dont les terres ont été portées à la 2e classe, quoiqu'elles fussent de la 1re, a profité d'un abaissement de tarif, tandis que leur cote eût dû, tout au moins, être maintenue.

DE LA DISPARITION DE LA PETITE PROPRIÉTÉ

« Sous le gouvernement annamite, la terre avait peu ou point de valeur, sa transmission s'opérait presque exclusivement par héritage ; il n'en est plus de même : le cultivateur rangé, économe, sobre, industrieux, certain de vendre avantageusement ses produits, n'hésite pas à acheter de nouveaux champs. A défaut d'une statistique exacte, l'enregistrement le démontre de la façon la plus évidente.

« En 1879, les résultats sont, pour les deux arrondissements de Mytho et de Tanan :

ARRONDISSEMENTS	NOMBRE DES VENTES définitives.	NOMBRE DES VENTES à réméré.	PRIX DES VENTES définitives.	PRIX DES VENTES à réméré.
			Fr.	Fr.
Mytho.	701	195	481.273	197.998
Tanan.	162	125	271.789	213.193
	863	320	753.062	411.191
	1.183 ventes.		1.164.253 fr.	

« Moyenne : 982 francs par vente.

« Une semblable moyenne indique, et les actes confirment cette appréciation, que les ventes de petites propriétés d'une valeur inférieure à 500 francs constituent une grande majorité des transactions.

« La superficie des cultures des deux arrondissements étant de :

« Mytho	93,000 hectares
« Tanan	28.000 —
« Total	121.000 hectares,

que je porte à 150,000 hectares pour tenir compte des dissimulations, donne, pour une valeur moyenne de 150 francs l'hectare, une richesse immobilière de 22,500,000 francs.

« Les transactions annuelles étant de 1,164,000 francs, il en résulte :

« 1° Que la propriété change de possesseur tous les dix-neuf ans, par le fait seul de la vente, sans compter les héritages et les donations;

« 2° Que la petite propriété est particulièrement atteinte dans ces mutations.

« Une pareille situation qui se révèle dans la plupart des cantons riches, d'ancienne formation, où presque tout le sol a été mis en culture, est de nature à préoccuper le Gouvernement, et il paraît nécessaire d'en connaître l'origine, si nous voulons y porter un remède efficace. Je l'attribue principalement à la mauvaise répartition de l'impôt des inscrits et de la taxe foncière, ainsi que je vais essayer de le démontrer.

« Notre ignorance de l'organisation communale ne nous permettant pas d'intervenir dans l'administration des villages, nous avons conservé les anciens rôles, et il a été convenu tacitement que nous n'y apporterions pas de modifications. Les notables, à l'origine, avaient grand intérêt à ne pas augmenter leur nombre; moyennant une somme de 2 francs, ils avaient une autorité absolue sur les dàns.

« Mais quand nous leur avons imposé d'autres charges, l'impôt du soldat (10 fr.) et le rachat de la corvée (10 fr.), qui leur a fait perdre le bénéfice de vingt journées de travail sur leurs dàns, l'inscription est devenue moins recherchée.

« D'autre part, certaines familles dont les chefs figuraient sur les rôles, ruinées par la débauche, le jeu, l'opium ou le désordre, ont vendu leurs terres et quitté le pays. Il a fallu remplacer ces inscrits; les notables ont désigné de petits cultivateurs, propriétaires de deux ou trois hectares, très flattés d'un pareil honneur, qui n'ont pas tardé à reconnaître que le titre ne donnait pas la puissance, qu'ils subissaient sans compensation une charge écrasante; pour y échapper, ils s'enfuirent ou vendirent leurs terres.

« La mauvaise assiette de l'impôt foncier, qui fait que le pauvre paie tout et le riche à peu près rien, contribue au même résultat.

PROGRAMME DU DÉPARTEMENT EN COURS

« Croyant posséder une colonie de domination, notre tempérament national et notre inexpérience nous ont entraînés à créer une colonie purement administrative; trompés par les apparences et la similitude des mots, nous avons voulu appliquer nos méthodes à une situation diamétralement opposée à celle de la métropole; sans nous en douter, pour satisfaire aux besoins du jour, par des mesures de détail dont la portée nous a échappé, nous avons détruit le passé et n'avons rien mis à sa place.

« L'ancienne législation ne fonctionne plus que par une tradition qui s'affaiblit tous les jours, et l'organisation municipale, base essentielle de l'administration annamite, disparaîtra bientôt sous les excès de ses représentants. Nous sommes à la veille d'une révolution sociale dont l'origine remonte à la conquête; elle sera violente ou pacifique, selon que nous la laisserons se produire d'elle-même par explosion, ou que nous la dirigerons et la préparerons.

« Nous ne saurions plus avoir recours à des expédients; la prudence exige que nous fondions des institutions ; elles seront conformes aux doctrines de la France, elles reposeront sur la liberté, elles supprimeront le servage, elles substitueront au collectivisme familial de la civilisation chinoise, dont l'autorité exagérée conduit fatalement à la tyrannie, l'individualisme de la civilisation européenne, avec ses droits et ses garanties.

« Si la question eût été entière, j'aurais longtemps hésité avant de conseiller une pareille entreprise, qui, à ma connaissance, n'a jamais été tentée ; c'est avec une poignée de Français, sous un climat dévorant, que nous voulons soumettre à nos lois un peuple de deux millions d'âmes appartenant à la civilisation chinoise, qui a résisté à vingt siècles de révolutions. Mais nous sommes tellement engagés que nous ne pouvons plus revenir au programme de l'amiral Bonnard et du marquis de Chasseloup-Laubat ; la solution s'impose, et j'accepte ma part de responsabilité dans la décision, parce que je crois au succès.

« De pareilles transformations ne se décrètent pas, elles sont l'œuvre du temps ; les questions sociales et économiques, politiques et administratives sont trop intimement liées les unes aux autres pour qu'on puisse les disjoindre ; il faut procéder par des mesures successives conçues dans le même esprit, concourant au même but.

« Je crois donc nécessaire, Monsieur le Ministre, de vous faire connaître ce qui a été fait dans la colonie depuis dix-huit mois et les résultats déjà obtenus.

« L'homme n'arrive à la liberté que par l'instruction, il ne devient citoyen qu'à la condition de connaître ses devoirs et ses droits ; aussi, les écoles françaises et de caractères français ont-elles été multipliées, et je ne pense pas qu'à aucune époque, en aucun pays, il y ait eu un mouvement intellectuel aussi important que celui auquel nous assistons.

« La vulgarisation des caractères français nous a permis d'entrer en relations directes avec les indigènes au moyen de l'imprimerie. Le *Journal officiel*, le *Gia-Dinh-Bao*, qui tire à 3,000 exemplaires, pénètre aujourd'hui dans les villages les plus éloignés. Les actes administratifs sont portés à la connaissance de la population par des placards, et cette disposition seule empêche de nombreux excès de pouvoir.

« Pour transporter ces imprimés, il a fallu organiser la poste ; avant la fin de 1881, elle fonctionnera sur tout le territoire. Le progrès eût été plus rapide si la fusion des services postaux et télégraphiques, que je demande depuis une année, avait été autorisée.

« La séparation des pouvoirs judiciaire et administratif est un fait accompli. Bientôt, je l'espère, nous aurons des institutions qui nous permettront d'assurer une bonne distribution de la justice, le premier de tous les biens, la plus importante de toutes les garanties. Le Code pénal a été promulgué et publié à 8,000 exemplaires. Je fais préparer une codification des lois civiles et des coutumes.

« La constitution du régiment de tirailleurs annamites diminue dans une notable proportion les risques de rébellion ; en effet, quand l'Administration sait qu'elle sera forcée d'avoir recours à l'autorité militaire pour réprimer les troubles, elle s'attache à les prévenir ; la police préventive se substitue à la répression.

« La création d'un service des travaux publics ne donnera pas des résultats moins satisfaisants ; déjà nos administrateurs qui, précédemment, convoquaient de nombreuses corvées pour le moindre travail, sont devenus les défenseurs de leurs administrés.

« Comme la fraude et l'arbitraire ne peuvent se produire que dans l'ombre et le silence, le meilleur moyen de les combattre est de porter partout la lumière ; aussi, je m'attache à ouvrir de nouvelles voies de communication, à faciliter les transports fluviaux, maritimes et terrestres. La circulation à l'intérieur s'est accrue dans de notables proportions : fonctionnaires, négociants, chasseurs, explorateurs commencent à parcourir le pays. Quelques auberges se sont établies ; à partir du 1er janvier 1882, nos courriers postaux donneront satisfaction aux plus exigeants.

« Nos routes et nos chemins vicinaux ont été reconnus et mesurés ; leur classement sera prononcé dans quelques jours ; leur construction commencera en 1881.

« Les Conseils d'arrondissement, formés des délégués de chaque canton, ont prêté un précieux concours à l'Administration et fait preuve de beaucoup de zèle et d'intelligence. Aussi bien que le cultivateur français, le cultivateur annamite comprend l'utilité d'une bonne vicinalité.

« L'étude que nous avons entreprise à cette occasion nous a révélé un fait d'une extrême importance économique ; contrairement à ce qui a été déclaré officiellement (*La Cochinchine en 1879*, récompensée à l'Exposition), non seulement la colonie peut nourrir du bétail, mais c'est un pays d'élevage. Pour une population de

1,500,000 habitants à 2 millions, nous possédons 200,000 buffles et 100,000 bœufs.

« J'ai pensé qu'il était nécessaire de relever l'Annamite à ses propres yeux et, dès mon arrivée, j'ai interdit d'une manière absolue de le frapper; quelques exemples de sévérité ont suffi pour mettre un terme à ces brutalités. En même temps, j'ai supprimé, dans les maisons d'arrêt, la cangue et les ceps, précautions inutiles qui donnaient à notre répression une apparence de barbarie.

« Un projet de décret vous a été soumis pour accorder la naturalisation aux indigènes qui se rendront dignes de cette faveur.

« Nos administrateurs, déchargés de fonctions accessoires : justice, travaux publics, armée, comptabilité, etc., etc., pour lesquelles ils n'avaient aucune compétence et qui absorbaient leur temps, peuvent aujourd'hui s'occuper de leur métier; ils font de nombreuses tournées, visitent continuellement les villages, pénètrent peu à peu dans l'administration communale.

« En abaissant de 8 francs et 4 francs à 3 francs, 2 francs et 1 franc la taxe des rizières, le Conseil colonial nous permet de supprimer les plus lourdes exactions. La classification des terres ayant lieu désormais par village, chaque contribuable sait exactement ce qu'il doit payer; il en sera de même pour l'impôt des inscrits, dont les rôles approuvés par l'Administration seront affichés et publiés. Enfin, l'abolition de la corvée, supprimée de fait, et pour laquelle je vous ai adressé un projet de décret, affranchira le dân.

« Ces trois mesures combinées le mettront, dans un temps assez rapproché, hors d'atteinte de l'arbitraire des notables; par suite, la petite propriété, débarrassée des charges excessives qui la grèvent, se développera rapidement. Du reste, je me propose de prendre à bref délai un arrêté encore plus libéral que celui qui règle actuellement les défrichements et la mise en culture.

« Incontestablement, ces mesures, qui ne sont que la mise à exécution des instructions ministérielles, ne sauraient être contestées en principe; mais je ne me dissimule pas les dangers qu'elles présentent dans l'application.

« En supprimant le servage, nous amoindrissons l'autorité des notables, responsables de la police et de la rentrée des impôts. Aurons-nous formé des citoyens avec les dâns avant d'avoir détruit l'oligarchie communale? Nous sommes exposés à un double péril; la lenteur et la précipitation sont également à redouter.

« A mon avis, il faut que le département arrête son programme d'exécution en toute connaissance de cause et exige qu'il soit suivi avec persévérance, que ses instructions soient remplies dans l'esprit qui les a dictées; qu'il n'y ait plus, comme cela s'est produit de 1865 à 1878, deux politiques, celle du ministère et celle du gouvernement local.

« La prudence, la fermeté et la persévérance seront indispensables dans l'exécution; le chef de la colonie devra, tout en les surveillant, s'attacher à ménager les notables, dont l'influence sera, pendant longtemps encore, prépondérante, car ils possèdent la fortune. Il évitera surtout de céder aux impatiences des hommes qui, reconnaissant enfin la vérité, voudraient remédier au mal avec l'ardeur des néophytes.

« A ce point de vue, le concours du Conseil colonial n'est pas sans présenter quelques inconvénients; j'estime néanmoins que les indiscrétions, les écarts de langage, conséquences du régime parlementaire, sont largement compensés par le contrôle auquel l'Administration est soumise, par la nécessité où elle se trouve d'étudier sérieusement les questions avant de présenter des projets.

« Sous un climat qui affaiblit les tempéraments les plus robustes et les caractères les mieux trempés, qui, par conséquent, prédispose à la violence et à la faiblesse, il est bon que le chef de la colonie ne soit pas abandonné à lui-même et qu'il ait, pour le modérer, une assemblée pondératrice.

« Je suis, etc..... « LE GOUVERNEUR. »

Extraits du Rapport de M. Nouet, directeur de l'Intérieur P. I.

« Comme tous les peuples doués d'une civilisation incontestable, quoique inférieure, les Annamites possédaient bien avant la conquête une organisation administrative complète et hiérarchique. Au bas de l'échelle était la commune, dans laquelle on trouve un corps électif : le Conseil des notables. Cette unité élémentaire joue encore aujourd'hui, dans l'organisation administrative, financière et judiciaire, un rôle des plus importants. C'est le maire qui transmet aux habitants les ordres de l'Administration; il remplit en fait les fonctions d'officier de police judiciaire et apporte aux caisses publiques le montant de l'impôt. Comme nous le montrerons en parlant des modifications à apporter aux impôts directs, les rôles sont collectifs, c'est-à-dire que le maire seul est débiteur envers le Trésor. Mais, outre les contributions dues à la colonie, il existe une foule de charges qui exigent une comptabilité bien tenue, laquelle, malheureusement, fait généralement défaut, à cause du manque d'instruction de la majorité des notables; nous voulons parler des subventions données aux miliciens, aux maires et chefs de canton, aux écoles, au scribe chargé d'établir les rôles des frais du culte, de l'entretien des bâtiments communaux, de la vicinalité, etc. Nous omettons à dessein les dépenses irrégulières, telles que cadeaux à certains employés ou fonctionnaires. On peut affirmer qu'en moyenne, une commune annamite a autant à dépenser pour ses charges intérieures que pour ses contributions envers l'Etat. Or, jusqu'ici, il a été impossible à l'Administration de pénétrer dans ces détails; il en résulte que la moitié des charges qui pèsent sur la population indigène échappe à tout contrôle; elles sont votées, discutées et réparties par les notables. Loin de nous la pensée de vouloir détruire les franchises communales, mais on ne peut qu'aspirer au moment où l'administration française se rendra compte du budget des communes sans intervenir dans leur confection. Le développement de l'instruction publique permettra bientôt aux notables de tenir une comptabilité régulière qui sera un véritable bienfait pour la population, car, aujourd'hui encore, combien d'Annamites savent au juste ce qu'ils doivent payer?

« Au-dessus de la commune se trouve le canton, agglomération de dix ou douze communes entre lesquelles n'existe aucun lien réel. Les villages n'ont de relations entre eux que pour se quereller au sujet de leurs limites. Les élections des chefs et sous-chefs de canton n'établissent aucun lien entre les électeurs; c'est généralement la commune la plus peuplée qui fait passer son candidat. L'établissement de la vicinalité, le classement aujourd'hui achevé des voies terrestres et fluviales, dont l'entretien incombe aux cantons et aux villages, vont rendre nécessaires et fréquentes les relations de commune à commune; ce particularisme étroit dans lequel s'est longtemps complue la race annamite va disparaître, et, avant même d'avoir existé, la route sera pour ce peuple un instrument de progrès.

« Enfin, dans le Conseil d'arrondissement, présidé par l'administrateur, se discuteront toutes les questions relatives à la grande vicinalité, aux produits affermés, au petit contentieux.

« Ces assemblées deviendront rapidement populaires, car elles répondent à un besoin général; elles serviront de préparation au Conseil colonial, elles détruiront chez les Annamites cette timidité et surtout cette défiance qui font que l'on a tant de peine à obtenir leur avis lorsqu'on les consulte.

. . . .

« L'impôt n'a été régulièrement établi en Cochinchine qu'après la promulgation du décret du 10 janvier 1863, qui détermina les recettes du budget.

« Au début de l'occupation, l'Administration ne possédant pas les moyens de percevoir aucune contribution sur des bases sérieuses et durables, et connaissant peu ou point d'ailleurs les ressources du pays, s'est vue dans la nécessité, quant à l'impôt foncier et à l'impôt personnel, de maintenir les coutumes du gouvernement annamite.

. . . .

« La comparaison des recettes de l'impôt foncier des villages entre les années 1864 et 1879 ne peut être faite qu'en y ajoutant l'impôt personnel des indigènes, ces deux contributions ayant été comprises sur les mêmes rôles jusqu'en 1876 inclusivement.

« En voici les chiffres :

« 1864. 1,534,000 francs.
« 1879. 4,496,000 francs.

« Pour la répartition des taxes foncières et de la capitation, on se servait alors, comme aujourd'hui, des documents dits « cahiers des villages », tenus par les maires, sous la direction des chefs de canton. Les cahiers étaient défectueux et incomplets, et ce n'est qu'avec le temps qu'on est arrivé non à un résultat satisfaisant, mais à un peu plus d'exactitude dans les déclarations.

« Les inspecteurs des affaires indigènes durent faire de fréquentes tournées dans les villages avant de pouvoir établir des rôles se rapprochant de la vérité. Mais, malgré tous leurs efforts, malgré la triple taxe dont on avait menacé les villages en cas de fausses déclarations (mesure qui, il est vrai, n'a pas été mise à exécution), la moitié au moins des terrains cultivés échappe à l'impôt. Cependant, chaque année, on obtient un meilleur résultat et il y a lieu d'espérer que cette progression ira toujours en augmentant.

« En 1865 (arrêté du 3 octobre), les rizières ont été imposées à 11 fr. 60 et 10 fr. 60 l'hectare, puis 11 francs et 9 fr. 80 (arrêté du 5 novembre 1873).

« Un nouvel arrêté du 9 septembre 1878 a déterminé comme il suit les taxes des terrains ruraux :

« Rizières de 1re classe	8 fr.
« Rizières de 2e classe	4 fr.
« Cultures diverses de 1re classe	12 fr.
« Cultures diverses de 2e classe	4 fr.
« Cultures diverses de 3e classe	2 fr. 15.

« Les terrains cultivés en rizières, et dont les contenances ont été constatées par des opérations cadastrales, sont imposés aux tarifs réduits du quart. Cette disposition était vicieuse, en ce sens qu'elle semble admettre en principe que les Annamites ont le droit de faire de fausses déclarations; l'Administration a l'intention de l'abroger et même de réduire les charges actuelles. Des propositions dans ce sens sont soumises au Conseil colonial; elles sont développées dans l'exposé des motifs du budget des recettes de l'exercice 1881.

« Le but de ce projet n'est pas d'augmenter l'impôt, mais de le mieux répartir. Actuellement, les notables sont chargés de la confection des rôles, leurs déclarations ne sont contrôlées ni par l'autorité, ni par la population. De plus, il est plus facile à un grand propriétaire de dissimuler 20 ou 30 hectares, qu'au petit cultivateur de soustraire à l'impôt une superficie vingt fois moindre. Il en résulte que les charges pèsent plus lourdement sur les moins fortunés ; en outre, ce système entretient des habitudes de dissimulation et de défiance qu'il importe de détruire. Mais, dira-t-on, en diminuant le tarif de l'impôt des rizières, ne détruirez-vous pas l'équilibre du budget ? Nous ne le pensons pas. L'Annamite le plus pauvre, s'il possède un champ de quelques ares, désire le voir inscrit au rôle et en acquitte l'impôt. L'inscription au rôle est, en effet, la meilleure preuve de la propriété; au bout de cinq ans, elle prescrit toutes les revendications contraires. La réforme proposée a donc comme garantie de succès l'amour du cultivateur pour le sol qu'il a défriché; elle diminuera le nombre des procès, en ce que les déclarations inexactes excitent la délation et poussent les voisins à s'emparer du bien d'autrui, en offrant d'en déclarer la vraie contenance.

« En ce qui touche l'impôt personnel, on peut dire qu'en ce moment, la classe la plus riche ne paie rien à l'Etat. Les inscrits de 1re classe sont les propriétaires chefs de famille, parmi lesquels se recrutent les autorités communales.

« Au-dessous d'eux se trouvent les non-inscrits, qui ne figurent pas sur le rôle personnel, bien qu'ils supportent en réalité les charges les plus lourdes. Comme pour les autres impôts, la répartition est excessivement variable d'un arrondissement à l'autre. Aucune règle ne préside à cette fixation; en réalité, les notables inscrivent à peu près ce qu'ils veulent. Il suffit, pour s'en convaincre, de se reporter aux chiffres de la population récemment fournis par plusieurs administrateurs :

	Inscrits.	Non-inscrits.
Baria.	1,798	3,086
Bien-Hoa.	5,545	8,431
Cantho.	7,585	7,519
Hatien	831	4,630
Long-Xuyen	3,238	11,843
Saïgon.	12,101	13,887
Soctrang	4,412	9,837
Tay-Ninh.	1,652	4,485
Thu-dau-mut.	3,154	7,217
Tra-Vinh.	5,951	5,623

« Quand on examine les proportions par canton, on arrive à des résultats encore plus frappants; exemples :

	Inscrits.	Non-inscrits
Bien Hoa.		
Phuoc-Vinh-hu	616	390
Phuoc-Vinh-truong	513	1,221
Tay-Ninh.		
Ham-Ninh-hu.	452	1,819
Bang-chrum	50	63
Long-Xuyen.		
Dinh-phuoc.	346	1,668
Bim-thanh	90	75
Cantho.		
Tuân-le.	174	82
Dinh-an.	490	824
Hatien.		
Binh-an	35	385

« Comme on le voit, la proportion varie sans qu'on puisse en dégager aucune loi, aucune conclusion. Il faut remarquer que le non-inscrit ne jouit d'aucun droit politique; il est donc frappé d'une véritable incapacité. »

NOTE de M. Sandret, administrateur de Mytho.

« Peu de temps après mon arrivée à Mytho, en décembre 1879, je remarquai que les surfaces déclarées à l'impôt étaient de beaucoup inférieures aux surfaces trouvées par MM. les géomètres dans les cantons de l'arrondissement qui avaient été levés; dans la première tournée que je fis, je pus vérifier par moi-même que, dans certains cantons où les défrichements avaient été plus actifs depuis la conquête, la moitié ou les trois quarts des terres échappaient à l'impôt, tandis que dans d'autres cantons où les cultures étaient plus anciennes, le chiffre des terres échappant à l'impôt n'allait pas au delà de 15 p. 100. Il y avait là une importante question à résoudre; il fallait procéder à une révision générale des contenances pour que, dans chaque canton, les propriétaires fonciers fussent imposés suivant la quantité de terres réellement cultivées.

« Il y avait également une autre question à résoudre : celle de la diminution des tarifs de l'impôt des rizières, sur laquelle M. le Gouverneur avait appelé mon attention. En présence de l'augmentation considérable des surfaces déclarées, il fallait chercher s'il ne serait pas possible de combler par l'augmentation des surfaces le déficit qui résulterait de l'abaissement des tarifs de l'impôt des rizières, qui sont excessifs, comparés aux tarifs des autres cultures.

« Le revenu net par hectare des diverses espèces de terres cultivées est environ de :

	Ligatures.
« Rizières de 1re classe (25 gia de paddy de location par an).	50
« Rizières de 2e classe (20 gia de paddy de location par an).	40
« Cultures de 1re classe (jardins, aréquiers)	150
« Cultures de 2e classe (terrains d'habitation, arachides, pastèques)	40
« Cultures de 3e classe, paillotes.	20

« Les tarifs d'impôt des rizières étant de 8 francs pour la 1re classe et de 4 francs pour la 2e, sont infiniment trop élevés par rapport à ceux des cultures diverses de 1re, 2e et 3e classes, qui sont plus modérés et établis d'une façon plus équitable, suivant le revenu net de chaque espèce de culture. La différence des tarifs d'impôt des rizières de 1re et de 2e classe est de moitié, tandis que la différence du revenu n'est que d'un cinquième ou d'un quart; de plus, le tarif de l'impôt des rizières de 1re classe est de 8 francs, alors que celui des cultures de 1re classe (revenu de 150 ligatures) n'est que de 12 francs; en ramenant à 4 francs l'impôt des rizières de 1re classe et à 3 francs celui des rizières de 2e classe, la proportion est sensiblement la même entre les tarifs d'impôt des diverses terres cultivées et le revenu net de chacune de ces différentes espèces de cultures.

« En résumé, le but que j'ai poursuivi est de faire déclarer exactement à l'enquête tous les terrains cultivés et de résoudre le problème de l'établissement d'une meilleure assiette de l'impôt sur des bases plus équitables, et balancer enfin, par l'augmentation des surfaces déclarées à l'impôt, le déficit résultant de l'abaissement des tarifs. Je crois avoir atteint le but que je m'étais proposé, ainsi qu'il résulte du tableau général donnant l'augmentation des surfaces déclarées par espèce de culture, comparées avec celles de l'année 1879; dans le second tableau, sont portées les augmentations du montant de l'impôt qui résulteraient de l'augmentation des surfaces déclarées; enfin, dans le même tableau, est calculé le montant de l'impôt en appliquant les tarifs proposés de 4 francs pour les rizières de 1re classe et de 3 francs pour les rizières de 2e classe.

« Il résulte du tableau no 1 que l'augmentation des terres déclarées à l'impôt est de :

« 27,53 p. 100 pour les rizières de 1re classe;
« 64,67 p. 100 pour les rizières de 2e classe;
« 41,87 p. 100 pour les cultures de 1re classe;
« 75,72 p. 100 pour les cultures de 2e classe;
« 94,87 p. 100 pour les cultures de 3e classe;

et que l'augmentation sur l'ensemble des différentes espèces de cultures est de 42,5 p. 100.

« Du tableau no 2, il résulte qu'en appliquant les anciens tarifs aux surfaces nouvellement déclarées, l'augmentation du montant de l'impôt serait de 186,182 fr. 37, et qu'en appliquant les tarifs proposés ci-dessus, on arrive à une diminution inappréciable du montant de l'impôt actuel de 5,345 fr. 42.

« En abaissant les tarifs des rizières comme je le propose, on ferait un acte de justice, puisque ces terres sont beaucoup plus lourdement imposées que toutes les autres espèces de cultures.

« On donnerait en même temps une grande impulsion aux défrichements qui ont été commencés ces dernières années; enfin, l'on comblerait certainement, par l'augmentation des surfaces déclarées, le déficit qui résulterait pour le Trésor de l'abaissement des tarifs. »

NOTE de M. Béliard, directeur de l'Intérieur.

Commission du budget.

« Nous sommes engagés dans un système de fraudes, non seulement préjudiciable au Trésor, mais principalement vexatoire pour les petits propriétaires; tandis qu'ils paient l'intégralité de la taxe pour leurs immeubles, à côté d'eux, de grands propriétaires dissimulent la moitié, les deux tiers, les trois quarts et jusqu'aux neuf dixièmes des terres cultivées; c'est l'impôt progressif en raison de la pauvreté.

« L'Administration ne pouvait admettre plus longtemps un pareil état de choses, et plusieurs administrateurs, avec un zèle que nous ne saurions trop reconnaître, se sont livrés à une vérification laborieuse des cultures. Il a été constaté que, dans certains arrondissements, les fraudes sur l'ensemble étaient de 40 p. 100. Le travail exécuté à Mytho par M. Sandret a été communiqué au Conseil, et il en résulte que, si cette assemblée ne veut pas augmenter le produit de l'impôt foncier, il y aurait lieu d'abaisser de 8 à 4 francs ou à 5 francs le tarif des rizières de 1re classe, et à 3 francs celui des rizières de 2e classe.

« Mais si les dissimulations se répartissent à peu près également entre les villages de cet arrondissement d'ancienne formation, où la propriété est constituée depuis longtemps, il n'en est pas de même pour les arrondissements qui, dans les dernières années, ont donné un grand accroissement à leurs cultures.

« Pour l'arrondissement de Tay-Ninh, les déclarations de 1880 donnent plus du double d'hectares qu'en 1879, et elles sont loin d'être complètes. Là, il faudrait une diminution de taxes de plus de moitié.

« A Soctrang, d'après l'administrateur, la dissimulation est des deux tiers; la taxe ne devrait plus être que d'un tiers.

« Lorsque, au lieu d'étudier l'ensemble, on procède par cantons et même par villages, les variations ne permettent plus aucune comparaison. Dans tel village, la superficie déclarée n'est que le dixième, le quinzième, le vingtième de la superficie cultivée.

« Réduira-t-on l'impôt foncier des rizières dans la même proportion? On arriverait ainsi à 0 fr. 40, et en appliquant la même proportion dans toute la colonie, l'impôt se trouverait diminué dans une proportion incalculable.

« La Commission du Conseil colonial a proposé 6 francs et 3 francs; appliquons ces chiffres à un village où la proportion des déclarations est de 1 à 15.

« Avec la taxe de 8 francs pour un hectare de 1re classe, représentant 15 hectares cultivés, le propriétaire payait 8 francs; à 6 francs et pour les 15 hectares, il paiera 90 francs.

« L'abaissement de la taxe dans ces conditions conduirait à un arrêt immédiat de la culture et du développement de la richesse publique.

« On objectera que, si les contribuables ont bénéficié de la fraude, c'est une raison de plus de les faire payer. Cette proposition est indiscutable, mais à une condition, c'est que l'impôt puisse être supporté par la terre.

« On a classé les rizières de Cochinchine en deux catégories : 1re et 2e classes. Nous croyons que si l'on conserve la méthode actuelle, il faudrait multiplier les classes et les faire varier par arrondissement; il n'y a aucune comparaison à établir entre une rizière de Go-Cong et une rizière de Bien-Hoa. L'Administration se trouverait donc forcée à une immense enquête pour connaître la valeur et le produit de la terre dans toute la colonie, pour se rendre compte de la jachère, du défaut de récolte, etc., etc.

« En France, un pareil travail a demandé des années; en Cochinchine, à plus forte raison, nous ne saurions entreprendre un pareil travail, et, si le Conseil colonial en décidait autrement, une période très longue serait nécessaire pour en obtenir l'exécution.

« Nous nous trouvons actuellement dans une situation très délicate, que nous sommes tenus de faire connaître au Conseil colonial.

« Il n'est pas possible d'appliquer à l'universalité des rizières un tarif même réduit. Si on se maintient dans des limites raisonnables, on s'expose à voir retomber en friche une grande quantité de terres mises en culture; ce serait une aventure que nous ne saurions conseiller.

« Si, au contraire, nous prenons les déclarations du dernier exercice, non seulement nous admettons, en principe, que la fraude est permise, mais nous nous exposerons aux réclamations de certains villages qui demanderont des dégrèvements.

« Nous ne nous dissimulons pas combien cette situation est difficile. Nous aurions tenu à honneur de présenter un projet d'ensemble étudié et coordonné, afin d'y remédier; mais elle ne nous a été révélée qu'à la dernière heure et nous ne pouvions pas même la prévoir; chaque jour, en Cochinchine, à mesure que nous étudions le pays, et nous le faisons avec conscience et dévouement, il se dégage des inconnues qui jusqu'ici avaient été laissées de côté, mais qui apportent des transformations dans une organisation qui n'est pas complète, et nous nous trouvons ainsi, les uns et les autres, dans la nécessité de pourvoir par des expédients aux difficultés qui se produisent.

« A cela, on objectera qu'il serait plus simple et plus prudent de ne rien changer au passé; nous accepterions volontiers cette théorie qui nous éviterait un travail excessif, qui dégagerait notre responsabilité. Mais nous ne sommes pas maîtres des événements et, en fermant les yeux, nous ne ferions pas disparaître les périls, les difficultés, les embarras de toute sorte.

« Nous estimons, et nous sommes certain que le chef de la colonie partage notre sentiment, que le premier devoir de l'Administration est de rechercher la vérité et de la faire connaître au Conseil colonial.

« En résumé, nous nous trouvons dans une impasse indépendante de notre volonté et de nos actes, et nous demandons au Conseil colonial de prendre telle mesure qu'il jugera convenable pour en sortir.

« Nous avons cru que nous ne pouvions nous dispenser de rechercher une solution quelconque, et voici la seule que nous ayons trouvée. Elle est loin de nous satisfaire, et nous ne croyons pas commettre une indiscrétion en affirmant que M. le Gouverneur la considère comme contraire à tous les principes.

« Elle consisterait à réduire la taxe à un simple droit fixe de

1 franc par hectare pour toutes les rizières, sans distinction de catégorie. Avec un impôt aussi faible, la classification entraînerait des frais hors de proportion avec les recettes.

« Actuellement, le nombre des déclarations pour les rizières des deux catégories est de 325,000 hectares environ, donnant une somme de 1,950,000 francs en chiffres ronds. L'abaissement du droit en augmentera immédiatement le chiffre d'au moins 125,000 hectares, car les propriétaires ont un intérêt capital à faire inscrire leurs terres sur le bô, que la culture soit alternative ou même triennale.

« Nous aurions donc, à 1 franc par hectare. . . .	450.000 fr.
« La recette étant prévue pour.	1.950.000 fr.
il résulterait un déficit de	1.500.000 fr.

qui pourrait être comblé par une surtaxe de 5 cents sur les riz à l'exportation. En admettant un chiffre de 6 millions de piculs exportés, en tenant compte des dégrèvements, pertes, etc., on obtient encore le chiffre de 1,500,000 francs.

« De nombreuses objections, dont plusieurs ont une grande valeur, peuvent être formulées contre cette proposition. Nous-même ne sommes pas partisan, en principe, des droits de sortie. En cas de mauvaise récolte, lorsque les besoins augmentent, les recettes diminuent en raison de l'insuffisance de la production. Il est vrai que l'on peut répondre qu'actuellement il en est de même pour l'impôt foncier, que nous sommes obligés de dégrever, tantôt pour une raison ou pour une autre, et que nous serions obligés de dégrever en ce qui concerne les rizières, le jour où la récolte manquerait ou serait insuffisante.

« Le côté véritablement avantageux est que ce droit est d'une perception facile, que la fraude n'existe pas, que les cultivateurs sont les premiers intéressés à faire connaître la superficie cultivée ou possédée ; que nos administrateurs, débarrassés de la partie la plus laborieuse de l'impôt, pourront consacrer tous leurs soins aux autres détails du service et, par conséquent, assurer une meilleure répartition dont la conséquence immédiate sera un accroissement de recettes.

« Cette solution, tout imparfaite qu'elle est, donne satisfaction à la demande qui a été formulée par MM. les conseillers indigènes, relativement à l'impôt des inscrits. En effet, parmi les contribuables, ceux qui sont vraiment dignes d'intérêt, c'est-à-dire les plus pauvres, ceux qui ne possèdent que quelques hectares de rizières, s'ils continuent encore à payer 22 francs d'impôt personnel, auront tout au moins l'avantage, par suite de la réduction des taxes de 8 et 6 francs à 1 franc, de voir leurs impôts diminués dans une forte proportion. »

RAPPORT au Conseil colonial par M. Béliard, directeur de l'Intérieur (5 novembre 1880).

« Dans un rapport précédent, nous avions proposé au Conseil colonial de réduire les impôts des rizières :

« A 6 francs ou 4 francs l'hectare pour celles de 1re classe;

« A 4 francs ou 3 francs l'hectare pour celles de 2e classe.

« Ce serait là une mesure incomplète. Le mal existe moins dans le quantum de l'impôt que dans sa répartition; de profonds remaniements sont nécessaires dans l'assiette même. Nous venons donc modifier ou plutôt compléter nos propositions premières et, en même temps, soumettre au Conseil un nouveau mode d'impôt personnel.

« La classification des rizières est arbitraire. Ainsi, pour ne citer qu'un exemple, à Sadec, l'un des arrondissements riches, toutes les rizières sont taxées à la 2e classe, et à Baria, à la 1re classe; c'est-à-dire que, dans le premier arrondissement, l'impôt par unité est moitié moins élevé que dans le second. Il n'est pas possible de maintenir un semblable état de choses.

« L'impôt des rizières est excessif. Il doit être réduit et, en outre, réparti proportionnellement au revenu net : l'équité le commande. Il faut aussi que les tarifs soient assez modérés pour que les inégalités qui ne peuvent manquer de se produire ne pèsent pas trop lourdement sur les contribuables et pour que les propriétaires demandent d'eux-mêmes l'inscription au bô, afin de garantir leurs droits.

« La Cochinchine peut se diviser en trois régions :

« Les arrondissements riches;

« Les arrondissements de fertilité moyenne;

« Les arrondissements pauvres.

« Nous proposerions de fixer les tarifs des rizières, sans distinction de classe, à 3 francs pour la première région, 2 francs pour la seconde, 1 franc pour la troisième. Ces chiffres correspondent bien au degré de fertilité des rizières.

« D'après les renseignements qui nous sont fournis par MM. les administrateurs, on peut prévoir les nouvelles déclarations dans la proportion suivante :

« 1re région : 33 p. 100;
« 2e région : 45 p. 100;
« 3e région : 60 p. 100.

« Ces chiffres sont au-dessous de la vérité; mais, pendant la première année surtout, nous ne pouvons prétendre détruire les habitudes de dissimulation qui sont le plus grand vice de l'administration annamite.

« Dans ces conditions, et avec les tarifs ci-dessus, le produit de l'impôt foncier serait d'environ :

« 1re région	953,000 fr.
« 2e région	197,000
« 3e région	40,000
« Total.	1.190,000 fr.

« Quelques cantons des arrondissements riches ne pourraient supporter les charges de leur circonscription ; nous devons prévoir des abaissements de classe jusqu'à concurrence de un dixième ; ils seront prononcés par l'administrateur, assisté des chefs de canton ; nous portons de ce chef une somme de 40,000 francs qui réduit le produit de l'impôt foncier à. . . . . 1.150,000 fr.

« Les prévisions de 1881, telles qu'elles figurent dans l'exposé des motifs du budget, étant pour les rizières de. 1.950,000

il résulte un déficit de . . . . 800,000 fr.

« Nous nous hâtons de dire que c'est là un maximum qui, selon toute probabilité, ne sera pas atteint, si MM. les administrateurs continuent à remplir leurs fonctions avec zèle, intelligence et dévouement.

« Quant à l'impôt personnel, il importe également de le modifier, car il n'est pas mieux réparti que celui des rizières.

« A l'origine, les notables avaient intérêt à ne pas augmenter le nombre des inscrits, car, moyennant une somme de 2 francs, ils avaient une autorité absolue sur les dân et les petits cultivateurs; mais, à mesure que nous avons ajouté d'autres charges à la capitation, 10 francs pour l'impôt des soldats, et ensuite le rachat des corvées qui privait l'inscrit du bénéfice de vingt corvées et lui imposait une charge de 10 francs, l'inscription est devenue de moins en moins recherchée : c'est en réalité un impôt supplémentaire de 20 francs.

« En même temps, certaines familles dont les chefs figuraient au rôle, se trouvant ruinées par la débauche, le jeu, l'opium, le désordre, ont vendu leurs terres et quitté le pays. Il a fallu les remplacer, et les notables ont désigné de petits cultivateurs qui ont été flattés d'un tel honneur, mais n'ont pas tardé à reconnaître que les titres ne donnent pas la puissance, qu'ils subissent sans compensation une charge écrasante, et, pour y échapper, ils s'enfuient ou vendent leurs terres. Aussi craignons-nous que, dans certains cantons, le sol ne devienne la propriété de quelques familles seulement; ce serait la substitution du prolétariat au patriarcat.

« L'impôt personnel surtout est mal réparti. Nous proposons de lui donner une base plus rationnelle et plus équitable, et de fixer à 3 francs par homme valide la somme que devra payer le village, au lieu des taxes actuelles. Cette somme sera répartie par les notables suivant les capacités de chacun. Nous ne croyons pas devoir nous étendre davantage sur l'organisation et le fonctionnement de cet impôt. A côté de la question fiscale, il y a la question sociale qui doit être traitée avec une extrême réserve.

« Le Conseil, en résumé, veut améliorer la situation des Annamites. Il marcherait peut-être contre son but si, par des mesures de détail, il venait apporter une transformation dépassant ses prévisions. Dans les réformes de cette nature, la plus grande prudence est nécessaire.

« La population masculine est d'environ 400,000 hommes, en tenant compte de la dissimulation dans les déclarations que nous constatons là comme ailleurs; le produit du nouvel impôt personnel modifié sera donc de. . . . . 1.200.000 fr.

« Les prévisions du budget, pour 1881, étant de. 1.930.000

il en résultera un déficit de. . . . . 730.000 fr.

« Le déficit de l'impôt foncier étant de. 800.000

le déficit maximum total sera de. . . . . 1.530.000 fr.

« Il nous reste maintenant à trouver les moyens que nous devons employer pour le combler, et nous laissons au Conseil colonial le soin de rechercher quels sont, dans nos autres revenus, ceux auxquels il pourrait être demandé un plus grand rendement par une augmentation de taxes (1). Si le Conseil adoptait la théorie développée par M. le conseiller Vinsan, dans son remarquable discours du 4 courant, la solution du problème pourrait être une augmentation suffisante du droit de sortie sur les riz exportés.

« Nous n'hésitons pas à penser que, dans une œuvre d'affranchissement matériel et moral de la plus grande partie d'un peuple, le Conseil s'associera au désir de l'Administration en donnant sa pleine adhésion au projet de règlement destiné à consacrer des mesures aussi libérales. Il voudra certainement, dès sa première session, témoigner de son bienveillant intérêt pour les Annamites. »

PROCLAMATION DU GOUVERNEUR AUX INDIGÈNES

« Saïgon, 17 novembre 1880.

« ANNAMITES,

« Le Conseil colonial, dont six de vos représentants font partie, a voulu, dès sa première session, dans sa séance du 11 novembre, qui restera pour vous une date mémorable, vous témoigner tout l'intérêt qu'il vous porte; il a voté d'importantes diminutions d'impôts; les taxes des rizières sont abaissées à 3 francs, 2 francs, 1 franc; l'impôt des inscrits est réduit de plus d'un tiers; les grandes corvées ne seront plus convoquées.

« J'espère que le gouvernement de la République ratifiera ces décisions; la France vous traite comme ses propres enfants; votre bien-être, votre prospérité, le développement de l'instruction du peuple sont l'objet de sa constante sollicitude.

« Vous comprendrez qu'avec des taxes aussi faibles, les dissimulations de nombre et de contenance ne sauraient plus être tolérées; les

(1) M. l'amiral Lafont ayant été rappelé pour son refus de rapporter son arrêté établissant une taxe de 10 cents par picul à la sortie du riz, son successeur ne pouvait proposer une seconde taxe de 5 cents.

villages qui en commettraient seraient punis d'une amende égale au produit de l'impôt pendant une, deux ou trois années.

« ANNAMITES,

« Montrez-vous dignes de notre affection et de notre confiance; renoncez à ces habitudes de fraude et de mensonges, excusables peut-être lorsque vous étiez soumis à la tyrannie des mandarins, mais qui n'ont plus de raison d'être, aujourd'hui que vous êtes appelés à discuter et à gérer vos propres affaires. »

Ces réformes furent approuvées par décret du 11 janvier 1881.

SUPPRESSION DE LA GRANDE CORVÉE

« Paris, le 10 mai 1881.

« MONSIEUR LE PRÉSIDENT,

« De toutes les charges publiques, la plus onéreuse est sans contredit la corvée; elle oblige l'ouvrier à quitter sa famille et ses intérêts, elle constitue une entrave au développement de l'agriculture. En Cochinchine, cet impôt revêt un caractère odieux; par suite de l'organisation du village, le pauvre seul y est astreint; mal nourri, couchant en plein air, travaillant dans le marais, le corvéable subit de véritables souffrances, et presque toujours une épidémie de choléra force l'Administration à licencier les chantiers.

« Au point de vue de la tranquillité, les inconvénients de ces grandes agglomérations d'hommes ne sont pas moins graves : les fauteurs de désordre trouvent à recruter leurs bandes de pillards parmi les ouvriers mécontents, et on a remarqué qu'une tentative de rébellion suivait presque toujours la réunion des grandes corvées.

« Depuis deux années, l'Administration a renoncé à la convoquer; les travaux publics sont exécutés par adjudication, avec l'emploi de l'outillage moderne; seule, la vicinalité fluviale et terrestre est entretenue, comme en France, par la prestation.

« J'ai l'honneur de vous prier de consacrer par une décision présidentielle cette réforme considérable qui, en tout pays, a été le point de départ de l'affranchissement du peuple et de la suppression du servage.

« Les Annamites trouveront dans cette déclaration un témoignage des sentiments de bienveillance du gouvernement de la République à leur égard ; ils y verront une preuve nouvelle de notre ferme volonté de les assimiler à notre civilisation, de substituer à la domination le régime du droit et de la liberté.

« Je vous prie d'agréer, Monsieur le Président, l'hommage de mon profond respect.

« *Le Ministre de la Marine et des Colonies,*
« G. Cloué.

« Approuvé :
« *Le Président de la République française,*
« Jules GRÉVY. »

CONSÉQUENCES FINANCIÈRES

IMPÔT FONCIER

Déclarations des villages (en hectares).

	1878	1879	1880	1881
Rizières.	305.895	326.283	338.915	613.464
Cultures diverses	85.452	89.961	88.204	135.123
Totaux.	391.347	416.244	427.119	748.587

Produit de l'impôt foncier.

	1879	1880	1881
Rizières.	1.960.386	2.015.173	1.604.609
Cultures diverses.	644.044	647.852	1.021.400
Totaux.	2.604.430	2.663.025	2.626.009

De l'examen de ces deux tableaux, il résulte :

1° Que, de 1880 à 1881, les déclarations de culture se sont élevées de 427,000 hectares à 748,000; soit une augmentation de 75 p. 100.

2° Que le produit de l'impôt foncier, malgré l'abaissement des taxes sur les rizières, de 11 francs et 9 fr. 80 à 8 francs et 4 francs, puis à 3 francs, 2 francs et 1 franc, n'a pas sensiblement varié : 2,604,000 francs ; 2,663,000 francs ; 2,626,000 francs.

3° Que les prévisions de recettes, à la suite de la réforme de 1880, 1,800,000 francs, s'élevèrent à 2,626,000 francs, donnant un excédent de 826,000 francs.

Les déclarations de culture en rizières continuent à s'accroître dans les années suivantes; elles dépassent aujourd'hui 1,200,000 hectares, soit une augmentation de 300 p. 100 sur 1878.

L'exportation du riz, qui était calculée sur 6 millions de piculs, principalement en paddy, s'élève en 1907 à plus de 1,200,000 tonnes de riz. C'est probablement le développement de richesse agricole le plus rapide qui se soit produit dans le monde.

IMPÔT PERSONNEL

Prévisions du budget de 1881	1.200.000 fr.
Rôles primitifs après les réformes	1.110.849
En moins.	89.151 fr.

Ce déficit a été rapidement comblé, les indigènes, de leur propre initiative, ayant demandé leur inscription sur les rôles, qui consacrait leur affranchissement.

Ces réformes fiscales furent accueillies avec une vive reconnaissance par la grande majorité de la population annamite; les bénéficiaires des abus, sachant qu'ils ne seraient pas recherchés pour les exactions et les fraudes du passé, se déclarèrent satisfaits. Au point de vue social, les conséquences de ces mesures furent d'une extrême importance; de fait, le servage fut aboli, l'individualisme se substitua au collectivisme oligarchique; avant le Japon, la Cochinchine commença son émancipation et son évolution vers le progrès.

SUPPRESSION DE LA FERME D'OPIUM. — ÉTABLISSEMENT DE LA RÉGIE

« Paris, le 1er mai 1881.

« Monsieur le Président,

« La majeure partie des impôts indirects était, il y a quelques années encore, donnée à ferme par voie d'adjudication publique et la concession en était faite au plus offrant. C'est dans ces conditions que la ferme d'opium a été, en dernier lieu, adjugée en 1878 pour une période de trois ans, qui doit expirer le 31 décembre 1881.

« L'administration de la colonie à fait procéder, le 20 janvier dernier, à une nouvelle adjudication pour la période triennale commençant le 1er janvier 1882, mais les soumissions déposées ayant été trouvées inférieures au prix de base fixé par le cahier des charges, l'opération est restée sans résultat.

« Le gouverneur avait déjà reconnu les grands inconvénients produits par le système du fermage comme mode de recouvrement de l'impôt de l'opium, tant au point de vue politique que sous le rapport économique, et en présence du résultat négatif de l'adjudication du 20 janvier 1881, ce haut fonctionnaire n'a pas hésité à profiter de la circonstance pour abandonner ce mode de perception.

« En vertu des pouvoirs qui lui sont conférés par l'article 23 du décret du 8 février 1880, instituant un Conseil colonial en Cochinchine, il convoqua cette assemblée en session extraordinaire pour l'appeler à se prononcer sur la question.

« Le Conseil colonial a émis l'avis que le monopole du commerce de l'opium, laissé entre les mains des Chinois (depuis plusieurs années, ce sont les seuls adjudicataires de la ferme), pourrait avoir, à un moment donné, des inconvénients sérieux pour l'influence française en Cochinchine, aussi bien que pour le développement de la prospérité commerciale du pays.

« Au point de vue moral, il est évident que nous avons intérêt à ne pas favoriser la consommation d'une substance dont l'usage ne s'est répandu qu'au préjudice de la santé publique, et, dans cet ordre d'idées, la régie aurait encore l'avantage de permettre à l'Administration de réagir, au besoin, contre les dangers d'une aussi funeste habitude.

« Ces diverses considérations ont conduit les représentants de la Cochinchine à se prononcer, à l'unanimité des votants, pour la régie directe.

« Peut-être la réforme aura-t-elle pour conséquence d'occasionner une perte momentanée dans les revenus de la colonie, mais il y a tout lieu de croire que la moins-value qui pourrait se produire de ce côté sera largement compensée par une augmentation dans le rendement des autres impôts.

« On ne peut donc, à mon avis, que se féliciter du vote émis par le Conseil colonial.

« Mais la délibération prise par cette assemblée à la date du 10 février 1881 a pour objet de modifier les règles de perception d'un impôt. A ce titre, et conformément aux dispositions des articles 33 et 34 du décret précité du 8 février 1880, elle ne peut être rendue définitivement exécutoire que si elle a été approuvée par un décret du Président de la République.

« En conséquence . . . .

« *Le Ministre de la Marine et des Colonies,*

« G. Cloué. »

CHAPITRE VIII

Décret du Président de la République (2 décembre 1879), créant un régiment de tirailleurs annamites. — Règlement provisoire (4 décembre 1879). — Instructions relatives aux rapports entre les autorités locales et les chefs de postes détachés occupés par les tirailleurs (24 avril 1880). — Arrêté d'organisation de la garde civile. — Arrêté sur le recrutement des tirailleurs (4 juin 1880). — Circulaire du gouverneur (7 juillet 1880) au sujet de désertions.

RAPPORT au Président de la République française.

« Paris, le 2 décembre 1879.

« Monsieur le Président,

« Depuis l'occupation de la Cochinchine, plusieurs tentatives ont été faites pour y constituer un corps régulier de troupes indigènes.

« Ces essais n'ayant pas atteint le but que l'on poursuivait, la question importante de faire entrer l'élément annamite dans la composition des forces qui composent les garnisons de cette colonie est restée en suspens.

« Il en résulte que nos troupes supportent seules les charges du service. Disséminées sur le territoire en nombreux détachements, nécessaires pour maintenir l'ordre et assurer la tranquillité, elles occupent des postes dont quelques-uns, ceux de la Basse-Cochinchine particulièrement, sont meurtriers pour les Européens.

« Il existe cependant, en Cochinchine, une milice indigène d'un caractère tout spécial : milice qui tient à la fois de la police et de la force militaire, et qui est recrutée, suivant la coutume annamite, dans chacune des circonscriptions administratives du pays. Elle fut, à l'origine, levée par l'administration coloniale pour la surveillance des marchés et des villages et pour assurer divers services importants, tels que ceux de la poste, des voies, de la garde des prisonniers, etc., etc.

« Cette milice, qui est placée sous les ordres des administrateurs des affaires indigènes, constitue une force d'environ 4,500 hommes, connus sous le nom de « matas ». Ces matas sont armés de fusils et ont reçu déjà une certaine instruction militaire; aussi, les a-t-on utilisés à diverses reprises, mais par petites fractions, pour la répression d'insurrections ou de troubles partiels, à une époque où les administrateurs des affaires indigènes, choisis presque exclusivement parmi les officiers des différents corps de la marine, pouvaient, à la rigueur, diriger une opération militaire restreinte.

« Actuellement, ces administrateurs devant être recrutés en majeure partie dans l'élément civil, la milice, telle qu'elle est organisée, ne pourra plus être appelée à rendre les mêmes services au point de vue militaire.

« Il me paraît donc que le moment est venu d'organiser, avec le plus grand nombre des hommes qui la composent, un corps de troupes régulier, commandé, instruit et administré par des officiers de l'infanterie de marine. Ce corps serait constitué sous la condition expresse de l'observation et du respect des mœurs et des coutumes des indigènes. C'est là, dans ma pensée, la condition essentielle du succès de cette tentative nouvelle d'organisation, et c'est, sans doute, parce que l'on n'avait pas assez tenu compte des usages annamites que les essais antérieurs ont échoué.

« Dans cet ordre d'idées, nous utiliserons d'une manière effective, plus et mieux que l'on n'a pu le faire jusqu'ici, la majeure partie des milices actuelles, sans apporter, d'ailleurs, aucun trouble dans l'accomplissement d'autres services importants — ceux dont j'ai parlé plus haut — et qui tiennent plus particulièrement à la police.

« Tel est, Monsieur le Président, l'objet du décret que j'ai l'honneur de soumettre à votre sanction.

« Ce décret constitue, sous la dénomination de tirailleurs annamites, un corps d'infanterie indigène, recruté parmi les inscrits de chaque village et, pour la première formation, parmi les miliciens actuels, dont l'origine est la même.

« Le régiment sera d'abord de neuf compagnies réparties en deux bataillons. Plus tard, il se composera de trois bataillons comprenant douze compagnies, formant alors ensemble un effectif d'environ 3,000 hommes. Il comportera, avec un cadre d'officiers et de sous-officiers choisis dans l'infanterie de marine, un cadre d'officiers, de sous-officiers et de caporaux indigènes.

« La durée du service des officiers français attachés au régiment de tirailleurs sera de trois années, une année de plus qu'il n'est demandé aux officiers du régiment de marche métropolitain, parce qu'il est nécessaire de restreindre le nombre des mutations que nous devons opérer annuellement, depuis que la durée du séjour en Cochinchine a été réduite à deux ans.

« Il importait d'attirer les militaires indigènes à notre service et de les y maintenir en leur présentant de sérieux avantages; aussi, le décret leur assure-t-il une pension de retraite après quinze années de présence sous notre drapeau.

« Les différents détails relatifs à l'organisation, au service et à l'administration du régiment de tirailleurs annamites font l'objet d'un règlement ministériel dont les dispositions n'auront qu'un caractère provisoire jusqu'à ce que l'expérience, en révélant les modifications à y apporter, permette d'établir des règles définitives.

« Enfin, la dépense occasionnée par la création et l'entretien de ce corps indigène sera entièrement supportée par le budget local de la Cochinchine. Il ne résultera donc, pour la création du corps des tirailleurs annamites, aucune charge pour le Trésor.

« Les différentes mesures consacrées par le décret me semblent enfin devoir atteindre les résultats que nous cherchons depuis longtemps à obtenir; elles assureront à la garnison française un auxiliaire utile et rendront facile la suppression de quelques-uns des postes les plus insalubres de la colonie; elles permettront de concentrer nos forces, par portions plus considérables que nous ne pouvons le faire aujourd'hui, sur les seuls points stratégiques importants, et elles nous fourniront peu à peu, je l'espère, les moyens de réduire, dans une sage proportion, l'effectif des troupes que nous entretenons dans notre possession de l'Extrême-Orient.

« C'est donc avec confiance, Monsieur le Président, que je soumets ce décret à votre haute approbation.

« Je vous prie d'agréer, etc.....

« *Le Ministre de la Marine et des Colonies,*

« JAURÉGUIBERRY. »

DÉCRET portant création d'un régiment de tirailleurs annamites en Cochinchine.

« Le Président de la République,

« DÉCRÈTE :

. . . .

« ART. 4. — A dater de la mise à exécution du présent décret, les militaires indigènes de tous grades du régiment de tirailleurs annamites qui compteront quinze années de services militaires, tant dans le corps que dans les anciennes milices, seront admis à la retraite et auront droit à une pension payée par la colonie et dont le taux sera réglé, suivant le grade, par un arrêté du gouverneur.

« Les officiers indigènes pourront, s'ils ont conservé d'ailleurs l'aptitude physique et les qualités nécessaires, être maintenus à l'activité jusqu'à vingt ans de service. Leur pension s'augmentera, pour chaque année de service en plus des quinze ans réglementaires, de un quinzième de la pension du grade dont ils seront titulaires.

« ART. 5. — . . . .

« ART. 6. — Le ministre de la Marine et des Colonies est chargé de l'exécution du présent décret, qui sera mis en vigueur en Cochinchine à partir du 1er avril 1880.

« Fait à Paris, le 2 décembre 1879.

« JULES GRÉVY. »

RÈGLEMENT provisoire relatif au recrutement, à l'administration, au service et à la discipline du régiment de tirailleurs annamites (1).

CHAPITRE PREMIER.

. . . .

« ART. 4. — *Recrutement des indigènes.* — Le recrutement des indigènes est régional ; il s'opère par voie d'appel, suivant la cou-

---

(1) Un essai fait à la Ferme des Mares (Saïgon) et à Cholon, sur deux demi-compagnies, pendant quatre mois, avait permis d'étudier et d'appliquer les dispositions du décret qui consacrait l'expérience acquise.

tume annamite, chaque commune étant responsable de la présence de son contingent sous les drapeaux.

« Le chiffre du contingent est fixé chaque année par le gouverneur. Le temps de service est provisoirement de deux ans.

« Tout homme présenté pour le service doit remplir les conditions suivantes :

« 1° Etre âgé de vingt et un ans au moins et de vingt-huit ans au plus ;

« 2° Etre sain et robuste ;

« 3° Etre de bonnes vie et mœurs.

« La constatation de l'aptitude des indigènes au service militaire, ainsi que l'époque de l'appel, sont réglées par arrêté du gouverneur.

« ART. 5. — *Rengagement des indigènes* . . . .

« ART. 6. — *Primes et hautes payes des militaires indigènes* . . .

« ART. 7. — *Répartition territoriale des compagnies.* — La répartition des compagnies est déterminée par le gouverneur.

« Chaque compagnie doit être stationnée, par fractions constituées, dans la partie du territoire où elle se recrute.

« En cas de guerre, ou si la sécurité de l'intérieur du pays l'exige, les compagnies peuvent être déplacées par le gouverneur.

« Dès que les causes qui ont motivé le déplacement d'une compagnie ont cessé, cette compagnie rentre à son lieu de stationnement habituel.

. . . .

CHAPITRE IV.

Uniforme, armement, logement, vivres.

. . . .

« ART. 28. — *Logement.* — Tout le cadre européen est logé dans un poste de défense, servant de réduit en cas de besoin.

« Les constructions seront faites et entretenues par les soins et aux frais de la colonie.

« Le chef de corps a la surveillance de ces bâtiments militaires, qui doivent toujours être tenus en parfait état de conservation et de défense.

« L'entretien courant de ces baraques est effectué par les soins de la compagnie, au moyen d'une indemnité mensuelle fixée chaque année par le budget de la Cochinchine.

« Art. 29. — *Vivres.* — Les militaires européens et indigènes de tout grade ne reçoivent aucune prestation en nature ; leur solde est calculée en conséquence.

. . . .

Chapitre VIII.

Dispositions particulières et transitoires.

. . . .

« Art. 46. — *Compétences à l'égard des tirailleurs indigènes.* — Les tirailleurs indigènes sont assujettis aux règles de compétence, de procédure et de pénalité tracées par les Codes de justice maritime et militaire.

« Toutefois, des circonstances atténuantes pourront être admises en leur faveur, alors même que le Code de justice militaire ne les prévoit pas ; l'application en sera faite, dans ce cas, conformément à l'article 19 de la loi du 18 novembre 1875.

« Art. 47. — *Suppression des milices et organisation du corps.* — Les milices de Cochinchine sont supprimées.

« Pour l'organisation première des compagnies de tirailleurs, le recrutement se fera parmi les miliciens en service dans les inspections et par voie de tirage au sort. Le recrutement des cadres s'opérera d'une manière analogue.

« Les lieutenants et sous-lieutenants indigènes pris aussi dans la milice seront nommés provisoirement par le gouverneur de la Cochinchine, et leur nomination par le ministre n'aura lieu que lorsqu'ils auront satisfait aux conditions de l'article 43.

« Art. 48. — Le présent règlement sera mis en vigueur à dater du 1er avril 1880.

« La formation du régiment de tirailleurs annamites prendra date de la même époque ; toutefois, les compagnies restant à créer ne seront organisées qu'au fur et à mesure que les installations nécessaires seront terminées et que les cadres européens auront été constitués.

« Fait à Paris, le 4 décembre 1879.

« *Le Ministre de la Marine et des Colonies,*
« Jauréguiberry. »

INSTRUCTIONS relatives au service et aux rapports entre les autorités locales et les chefs de postes détachés occupés par les tirailleurs.

« 1° Les tirailleurs ne reçoivent d'ordres que de l'officier ou sous-officier chef de poste.

« 2° Le chef de poste est exclusivement chargé de la discipline, du service intérieur et du service des rondes et sentinelles.

« 3° En cas de troubles ou de danger imminent, il obtempérera aux réquisitions du phu ou du huyen, mais en se maintenant pour le chiffre de l'escorte à fournir dans les limites prescrites par la circulaire du gouverneur de 1865. Le phu ou huyen et le chef de poste préviendront sur-le-champ leurs chefs hiérarchiques respectifs.

« 4° Pour les consignes particulières ou de détail, l'administrateur de l'arrondissement et l'officier des tirailleurs du chef-lieu se concerteront ensemble, ce dernier, après avoir pris les ordres de M. le Général commandant supérieur des troupes.

« 5° Les tirailleurs indigènes sans armes, gradés ou non, doivent le salut aux fonctionnaires de l'administration locale revêtus de leurs insignes, jusqu'au grade de chef de canton inclusivement.

« 6° En cas de désertion d'un tirailleur, le chef de poste prévient aussitôt le huyen ou le chef de canton, qui doit prendre toutes les mesures usitées en pareil cas.

« 7° Il est interdit au chef de poste d'envoyer lui-même des hommes en service, en dehors du poste, pour s'occuper de la police, sauf en cas de force majeure, tels que : incendie, assassinat ou arrestation de malfaiteurs poursuivis par la clameur publique. Dans ce cas, il en réfère sur-le-champ au huyen ou chef de canton.

« 8° Un exemplaire de ces instructions, en français et en quoc-ngu, sera affiché dans chaque poste détaché.

« Saïgon, 24 avril 1880.

« *Le Directeur de l'Intérieur P. I.*,
« NOUET.

« *Le Général commandant supérieur des troupes*,
« A. DE TRENTINIAN.

« Approuvé :
« LE GOUVERNEUR. »

ARRÊTÉ d'organisation des gardes civils.

« Le gouverneur de la Cochinchine,

« Vu le décret du 2 décembre 1879, portant création d'un régiment de tirailleurs annamites en Cochinchine;

« Vu le règlement ministériel du 4 décembre 1879, relatif à l'organisation de ce régiment;

« Considérant que l'article 7 de ce règlement supprime les miliciens indigènes;

« Sur la proposition du directeur de l'Intérieur P. I.;

« Le Conseil privé entendu,

« Arrête :

« Article premier. — Les services actuellement confiés aux miliciens dans les arrondissements de la Cochinchine seront dorénavant exécutés par des gardes indigènes civils.

« Art. 2. — Ces agents seront soumis aux règles d'administration et de comptabilité en vigueur dans l'ancienne milice; leur solde sera imputée pour l'année courante au chapitre III du budget.

« Art. 3. — Leur répartition par arrondissement sera fixée par un arrêté du gouverneur.

« Art. 4. — Le directeur de l'Intérieur est chargé de l'exécution du présent arrêté, qui sera communiqué et enregistré partout où besoin sera.

« Le Gouverneur.

« Par le Gouverneur :

« *Le Directeur de l'Intérieur P. I.*,

« Nouet. »

RECRUTEMENT

« Le gouverneur de la Cochinchine,

« Arrête :

« Article premier. — Les sous-officiers, caporaux et soldats formant les compagnies du régiment de tirailleurs annamites sont fournis par les villages, conformément au présent arrêté.

« Art. 2. — Chaque fois qu'une vacance vient à se produire pour une cause quelconque, l'officier commandant la compagnie ou le détachement (peloton) en informe l'administrateur de l'arrondissement, qui met le village en demeure de fournir un soldat.

« Art. 3. — Nul homme ne peut être présenté par le village :

« 1° S'il n'est domicilié dans le village ;

« 2° S'il n'est de bonnes vie et mœurs;

« 3° S'il est âgé de moins de vingt et un ans et de plus de vingt-huit ans.

« Les militaires ou anciens militaires pourvus d'un certificat du chef de corps, autorisant leur rengagement, peuvent être présentés par leur village d'origine jusqu'à l'âge de trente-huit ans.

« Art. 4. — Un Conseil permanent composé :

« 1° De l'administrateur président ;

« 2° De l'officier commandant;

« 3° D'un chef de canton nommé par le directeur de l'Intérieur ;

« Et assisté d'un médecin,

examinera les hommes présentés par les villages et prononcera leur admission ou leur refus.

« Art. 5. — Dans le cas où le village n'aurait pas présenté, dans le délai de huitaine, le soldat qu'il a été mis en demeure de fournir, il lui serait infligé une amende de 5 francs par jour de retard. Si l'homme présenté au Conseil n'est pas admis, le village, dans un délai de huit jours, devra en présenter un second ; si celui-ci est refusé, le village paiera une indemnité de 5 francs par jour, jusqu'à ce qu'il ait satisfait à ses obligations.

« Art. 6. — Le Conseil prévu à l'article 4 prononcera sur les cas de réforme.

« Art. 7. — Pour toute augmentation d'effectif ou modification dans la répartition, il sera dressé, par les soins du directeur de l'Intérieur, des listes supplémentaires qui seront approuvées par le gouverneur.

« Art. 8. — Le général commandant supérieur des troupes et le directeur de l'Intérieur sont chargés, chacun en ce qui le concerne, de l'exécution du présent arrêté, qui sera inséré au *Journal officiel* et au *Gia-Dinh-Bao*.

« Saïgon, le 4 juin 1880.

« Le Gouverneur. »

CIRCULAIRE relative aux désertions dans le régiment des tirailleurs annamites et indiquant, suivant les différents cas, le temps au bout duquel le remplacement du déserteur devra être effectué, et dans quel cas la désertion sera ou ne sera pas prononcée.

« *A Messieurs le Général commandant supérieur des troupes, le Chef du service administratif, le Directeur de l'Intérieur.*

« MESSIEURS,

« L'arrêté du 4 juin 1880, relatif au recrutement des tirailleurs, prescrit à l'article 2 : « Chaque fois qu'une vacance vient à se pro- « duire pour une cause quelconque, l'officier commandant la compa- « gnie ou le détachement (peloton) en informe l'administrateur de « l'arrondissement, qui met le village en demeure de fournir un « soldat. »

« Le village, responsable de la présence de son contingent sous les drapeaux, est donc tenu de pourvoir immédiatement au remplacement des hommes rayés des contrôles, et je crois que la façon de procéder est parfaitement déterminée par l'arrêté précité.

« Mais il y a un cas pour lequel il est indispensable de préciser le moment où la vacance sera produite. C'est celui de la désertion, et c'est à ce sujet que j'ai l'honneur de vous adresser la présente circulaire.

« *En principe, nous maintenons la loi française sur la désertion :*

« *Désertion à l'intérieur.* — Articles 231, 232, 233, 234 du Code de justice militaire.

« *Désertion à l'étranger.* — Articles 235, 236, 237 du même Code.

« *Désertion à l'ennemi, en présence de l'ennemi.* — Articles 238, 239 du même Code.

« La désertion à l'intérieur est la seule de ces trois sortes de désertions pour laquelle il y a lieu, à mon avis, de donner des instructions spéciales. Je ne m'occuperai donc pas des deux autres.

« *Désertion à l'intérieur.* — Pour tout militaire indigène ayant plus de six mois de service, absent illégalement le jour même où les délais d'absence prévus par le Code, selon le cas dans lequel il se trouve, seront expirés, l'officier commandant le détachement préviendra l'administrateur. Ce dernier mettra immédiatement le village en demeure de faire rentrer l'homme. Si, dans la huitaine qui suivra la mise en demeure, l'homme n'est pas rentré, ou si le village n'a pas fourni d'explications satisfaisantes, le tirailleur absent sera déclaré déserteur et remplacé immédiatement.

« Pour tout militaire indigène n'ayant pas six mois de service, lorsque les délais d'absence prévus par le Code seront expirés, l'officier commandant le détachement et l'administrateur procéderont comme précédemment. Mais, les huit jours expirés, la désertion ne sera pas prononcée. Le tirailleur absent sera purement et simplement rayé des contrôles du corps et remplacé immédiatement.

« Les villages auront l'obligation de la recherche des tirailleurs déclarés déserteurs, qui, une fois saisis, seront poursuivis conformément aux lois. Ils rechercheront également les tirailleurs n'ayant pas six mois de service qui n'auront pas été déclarés déserteurs, mais ce sera à eux qu'il appartiendra d'exercer, *au civil*, telle poursuite que de droit pour rentrer dans les avances qu'ils auront pu faire à l'engagé.

« Agréez, Messieurs, etc.....

« Saïgon, 7 juillet 1880.

« LE GOUVERNEUR. »

CHAPITRE IX

Réformes au Cambodge. — Rapport d'ensemble du gouverneur.

RAPPORT d'ensemble du Gouverneur.

« Saïgon, le 15 avril 1882.

« MONSIEUR LE MINISTRE,

« Je suis rentré cette nuit à Saïgon après une absence de vingt jours, et j'ai l'honneur de vous adresser mon rapport sur la situation du Cambodge; je vous prie d'excuser l'incorrection de la forme, mais la chaleur était accablante à Pnom-Penh, les négociations avec le Roi fort laborieuses, et je trouve, à mon retour, de nombreuses affaires en retard; en revanche, j'espère que vous serez satisfait des résultats obtenus : ils sont relativement considérables.

« Lorsqu'en 1863, nous assurâmes au roi Norodom le trône du Cambodge, nous ne sûmes pas, nous ne voulûmes pas, ou nous ne pûmes pas profiter de ses bonnes dispositions, et nous négligeâmes de placer à la tête de l'administration de la Justice et des Finances des fonctionnaires français. Peu à peu, le Roi s'est habitué à l'exercice d'un pouvoir absolu, et, je dois le reconnaître, sans contrôle. Étranger aux affaires de son royaume et aux intérêts de ses sujets, la fantaisie est devenue sa seule règle de conduite, et, en maintes circonstances, il n'a pas craint d'agir en dehors de nous et même contre nous, notamment à l'occasion des traités espagnols.

« Il est vrai qu'en 1877, pour remédier à cet état de choses, nous exigeâmes la promulgation d'ordonnances qui supprimaient l'esclavage, donnaient à notre représentant entrée au Conseil des ministres, et, en vue de mettre un terme à la dilapidation des finances, prévoyaient l'enregistrement au protectorat de tous les contrats passés entre Sa Majesté et les Européens.

« Malheureusement, ces mesures n'avaient pas de sanction et elles sont restées à l'état de lettre morte.

« La chasse et le commerce des personnes se pratiquent toujours chez les Penons et les Stiens.

« Les mandarins, ne recevant pas de solde, continuent leurs exactions et vivent de pillage.

« La vénalité des magistrats n'a pas diminué.

« Les actes de piraterie se multiplient.

« Les services publics n'existent plus que de nom.

« Les routes et les ponts, faute d'entretien, ont disparu, et les communications sont devenues impossibles.

« La perception directe n'existe plus, tous les impôts ont été affermés aux Chinois.

« Le pays se dépeuple et marche rapidement à la ruine.

« Par contre, les dépenses de la Cour s'accroissent chaque année; le Roi s'est laissé entraîner par vanité à joindre au luxe asiatique tout les raffinements du confort européen :

« Musique tagale et musique cambodgienne;

« Voitures de toutes sortes et deux cent cinquante éléphants conduits et gardés par de nombreux esclaves;

« Flottille à vapeur et innombrables bateaux de tous genres, depuis la grande barque de luxe et la pirogue à quarante rameurs jusqu'au ghé-luong;

« Police tagale et police cambodgienne, infanterie, cavalerie, artillerie, gardes du corps, pages, etc., à la mode européenne;

« Table et vins français, dont la dépense vient s'ajouter à l'entretien de son immense personnel : domestiques européens, chinois, annamites, tagals, cambodgiens, penons, etc., etc.;

« Acquisitions immodérées de diamants et de bijoux;

« Enfin, et pour couronner le tout, un harem composé de quatre cents femmes, dont le nombre s'accroît chaque année par des détournements de mineures opérés au Siam par l'intermédiaire d'un Indien, sujet britannique.

« Les Cambodgiens ne peuvent plus avoir recours à la rébellion, cette dernière ressource des opprimés, le drapeau de la France couvrant de sa protection toute-puissante les abus de l'autorité royale.

« A notre tour, nous avons fini par être les victimes de ces désordres, et j'ai constaté, non sans inquiétude, que depuis quelques années les actes de piraterie et de brigandage se commettaient en Cochinchine avec des fusils; tandis que nous interdisions sévèrement l'introduction des armes de guerre dans nos provinces, le commerce s'en faisait librement au Cambodge, et elles pénètrent sur notre territoire par les frontières mal délimitées et non gardées.

« J'ai dû rechercher les moyens de remédier à cette situation, si préjudiciable à nos intérêts d'avenir et même à notre dignité. Ma première pensée a été naturellement de retirer au Roi les pouvoirs sans limite que nous n'aurions pas dû lui concéder à l'origine; d'exercer un contrôle actif sur l'administration des finances, la distribution de la justice, les travaux publics. Mais j'ai craint que cette entreprise ne nous entraînât dans de grandes difficultés. Norodom est habitué depuis près de vingt ans à l'exercice d'une autorité absolue qui rentre dans les traditions de sa dynastie; certainement, il consentirait à de nombreuses concessions, il tient trop à son luxe et à son harem pour rompre avec nous; cependant, je ne puis prévoir quelle serait sa conduite dans le cas où nous toucherions à ses prérogatives royales. Si, croyant son honneur de souverain engagé, il nous échappait et se retirait dans l'intérieur, tout son peuple serait avec lui, car le Cambodgien est profondément attaché à la forme monarchique.

« Nous serions alors, en présence d'une décomposition, obligés de nous charger de l'administration du pays, et je suis forcé de reconnaître que nous ne sommes nullement en mesure de remplir cette tâche : nous n'avons même pas d'interprètes; on a négligé de se ménager des alliances avec les mandarins; nous avons privé de protection nos sujets annamites dont le concours nous serait précieux; les chrétientés cherchent à conserver leur indépendance en dehors de nous et l'élément chinois nous est tout au moins étranger; nous sommes dans l'ignorance des lois, des coutumes, des ressources du royaume.

« Ce n'est pas au moment où les affaires du Tonkin méritent toute notre attention que nous pouvons nous engager au Cambodge dans une aventure dont le succès, fût-il complet, ne nous donnerait pas de résultat politique sérieux.

« Le Cambodgien, essentiellement paresseux et n'ayant aucun goût pour l'instruction, n'est pas perfectible; malgré sa force, il n'ose pas lutter contre l'Annamite qui, depuis deux siècles, le chasse devant lui. Ce mouvement de migration de l'est à l'ouest se continue en dehors de nous, et nos sujets de Basse-Cochinchine ont déjà pénétré jusqu'à Sambor, sur les frontières du Laos, et jusqu'à Battambang, capitale de la province siamoise de ce nom; douze mille de leurs pêcheurs exploitent le Grand-Lac, leurs bateaux sillonnent tous les arroyos.

« Notre intérêt primordial est de diriger cette conquête pacifique dont nous retirerons l'entier profit, de précipiter la substitution de l'élément annamite à l'élément kmer, comme cela s'est déjà produit dans ces dernières années à Soctrang et à Chaudoc; nous serons, en effet, les maîtres incontestés du Cambodge lorsque nos sujets indo-chinois formeront le tiers de la population.

« Nous perdrions notre temps à vouloir galvaniser cette race qu'une loi fatale semble avoir condamnée à disparaître. En intervenant dans son administration, nous nous créerions des difficultés innombrables sans obtenir de résultat, car nous aurions à résoudre les questions sociales les plus graves : constitution de la propriété, suppression de l'esclavage et de la polygamie, organisation de la justice et de l'instruction publique. Il nous faudrait plus de cinquante ans, et les Annamites auront probablement envahi le Cambodge d'ici là.

« Je sais qu'on fera à cette politique expectante le reproche d'ajourner à une trop longue échéance l'annexion du Cambodge. Nous autres Français, quand nous avons pris un parti, nous exigeons que l'exécution suive la décision; nous ne tenons aucun compte du temps; nous voulons jouir immédiatement, sauf à nous décourager dès le premier obstacle. Cependant, si nous tenons à avoir des possessions en Asie, et nous ne pouvons rêver une plus belle colonie que celle de Cochinchine, il faut plier les ardeurs de notre tempérament national aux nécessités et aux mœurs d'un pays dont la civilisation immuable est plus ancienne que la nôtre.

« Ici, tout est possible pour la race européenne, mais il est indispensable de savoir ce que l'on veut, de poursuivre son but avec patience, de n'avoir recours à la force qu'en cas d'absolue nécessité et de s'arrêter dans ses revendications au moment même où l'on s'aperçoit que l'adversaire est poussé à bout.

« Tous les peuples de l'Extrême-Orient sont si mal organisés pour la lutte qu'ils cherchent à l'éviter jusqu'à la dernière extrémité; mais une fois engagée, leur défaut de centralisation, leur incurie, la sobriété et la misère des populations rendent la résistance passive presque invincible; on n'a pas à redouter les armées permanentes qui n'existent que de nom; il faut tout craindre des bandes de partisans, dont la destruction exige des forces considérables.

« En attendant que le Département m'ait adressé ses instructions sur la ligne politique qu'il entend suivre, j'ai dû prendre plusieurs dispositions pour assurer la sécurité de la colonie et faire respecter les droits de nos sujets, sacrifiés depuis 1873, et surtout depuis 1877, aux caprices du souverain ; les unes ont déjà été consacrées par décret, je soumets les autres à votre approbation.

JUSTICE

« Mon premier acte a été de poursuivre l'abrogation de l'ordonnance royale du 1er mai 1877 qui faisait perdre à nos Annamites leur qualité de sujets français, après un an et un jour de résidence au Cambodge.

« Je ne veux pas rechercher dans quel but avaient été accordées ces concessions, pas plus que les motifs qui ont conduit à interdire à nos nationaux de battre le pavillon français au Cambodge ; mais il est certain que de pareils procédés ne sont pas de nature à faire respecter notre domination.

« Le décret du 23 février 1881, rendu après convention passée entre le gouverneur et le Roi, a mis fin à cette situation anormale ; tous nos sujets sont justiciables au criminel du tribunal de France, et du tribunal mixte pour les contestations avec les Cambodgiens. Nous groupons ainsi autour de notre protectorat de 50,000 à 100,000 indigènes, et leur nombre tend à s'accroître.

« Afin d'assurer une sorte d'indépendance aux juges cambodgiens du tribunal mixte, dont le traitement n'est que nominal, je leur ai accordé une indemnité mensuelle de une barre d'argent (15 p.).

« Nous avons un intérêt de premier ordre à conserver la distribution de la justice aux Annamites. C'est notre plus puissant moyen d'action sur un peuple dont l'organisation collectiviste a détruit le patriotisme et qui reste étranger au fanatisme religieux. C'est la seule manière de soustraire nos nationaux à la rapacité des mandarins.

SUPPRESSION DE L'IMPÔT DE CAPITATION

« Nos Annamites que nous avions cédés au roi Norodom (ordonnance du 1er mai 1877, art. 1er) n'étaient pas pour cela devenus sujets cambodgiens ; par suite des antipathies de races dues à des guerres séculaires, ils étaient traités comme de véritables ilotes. Tandis que les Siamois, les Indiens, les Tagals étaient dispensés de tout impôt direct, ils se trouvaient soumis à une capitation de 10 francs pour les catholiques, de 20 francs pour les bouddhistes; toute concession de terrain leur était refusée; la pêche et l'exploitation des forêts leur étaient seules permises.

« Bien qu'il soit exorbitant, après dix-neuf années d'occupation, que nos nationaux ne puissent pas posséder, je n'ai pas cru opportun de demander au Roi l'exécution de l'article 5 du traité de Oudou; Sa Majesté tient essentiellement à conserver la propriété exclusive de toutes les terres du royaume, ce qui lui permet d'exercer une véritable tyrannie sur les Européens et les étrangers asiatiques, car elle ne leur consent que des locations à court terme et ils restent ainsi sous son entière dépendance; j'ai cru préférable d'ajourner la solution de la question, mais j'ai pensé qu'il était indispensable que nos sujets profitassent du traitement de la nation la plus favorisée, c'est-à-dire de l'exemption de la capitation.

« Rarement j'ai engagé une négociation plus laborieuse; pendant des heures entières, par une chaleur torride, Sa Majesté, pour se dérober, a eu recours à tous les faux-fuyants de la politique orientale, invoquant les traités antérieurs, discutant des points de détails, s'abritant derrière l'avis de ses mandarins et, comme argument final, me répétant que M. X... lui avait donné les Annamites.

« Cette dernière prétention nettement formulée aurait suffi à elle seule, si je n'y avais été décidé, pour me forcer à persévérer.

« J'avais donné huit jours de réflexion au Roi et je comptais profiter de ce délai pour remonter dans le Grand-Fleuve : déjà la canonnière était sous pression, lorsque Sa Majesté, faisant céder sa haine des Annamites à la crainte de me voir m'occuper de l'esclavage, m'a envoyé par le Santo les conventions revêtues de sa signature.

« Nos Annamites, sujets français, sont dispensés de l'impôt de capitation et justiciables du tribunal de France.

« Vous apprécierez, Monsieur le Ministre, l'importance de cet acte qui, selon moi, avec un peuple aussi entreprenant que nos Asiatiques, en présence d'une race incapable de se défendre, peut nous conduire dans un temps très court à l'envahissement.

« Si la mesure est appliquée avec prudence, sans précipitation qui amènerait des conflits, avant un demi-siècle nous serons maîtres du Cambodge.

CONTENTIEUX ADMINISTRATIF

« Aucun tribunal n'ayant qualité pour connaître des contestations survenues dans l'exécution des contrats passés avec le Roi, seul représentant de l'Etat, il en résultait que les maisons de commerce honorables ne voulaient pas engager des affaires dont la solution dépendait exclusivement du bon vouloir de Sa Majesté; seuls, les aventuriers de finance pouvaient courir les risques de cet aléa qui était, il est vrai, compensé par d'énormes bénéfices.

« En réalité, le Roi était la victime de cette situation fausse, car il finissait toujours par payer sous la pression du gouverneur, obéissant aux injonctions réitérées du Département qui, accablé des réclamations d'intermédiaires métropolitains, se trouvait dans la nécessité de prêter son concours à l'accomplissement de vols scandaleux.

« La convention du 21 décembre 1881, que j'ai eu l'honneur de vous soumettre, met fin à un état de choses contraire à notre dignité.

COMMERCE DES ARMES ET DES MUNITIONS

« La convention du 26 mars 1882 ne permet plus l'entrée des armes et des munitions de guerre que par le port de Saïgon, à l'exclusion de tout autre. Le gouverneur se trouve ainsi investi du droit de réglementer ce commerce à l'importation et à la vente dans l'intérieur du Cambodge. Désormais, nous veillerons avec soin à ce que les abus dont nous avons été victimes ne se renouvellent pas.

ZONE NEUTRE — CONCESSION DE L'ILE DE KATRY

« La répression du brigandage sur les frontières est devenue impossible par suite de l'incurie des mandarins; jamais nous ne pouvons obtenir l'arrestation des auteurs de crimes ou délits commis sur notre territoire; le seul moyen de remédier à cet état de choses est d'établir une zone neutre où les agents de la force publique auront le droit de suite; tel est l'objet de la convention que j'ai l'honneur de soumettre à votre approbation. Afin de ménager l'amour-propre du Roi, j'ai dû reconnaître au gouvernement cambodgien les mêmes droits qu'au gouvernement français; mais certainement il n'en fera pas usage, trop heureux d'éviter de se créer des difficultés en arrêtant des coupables.

« En vue de sauvegarder les finances de la colonie, j'ai également inséré une clause aux termes de laquelle il est interdit d'établir des distilleries, des bureaux de vente d'opium et des maisons de jeu dans les limites de la zone neutre de 16 kilomètres.

« Les provinces maritimes méritent notre attention, et nous les avons jusqu'ici beaucoup trop négligées. C'est par le port de Kampot que s'introduit la contrebande de guerre; la piraterie et le brigandage y ont pris un développement inquiétant pour nos arrondissements de Hatien et de Chaudoc.

« D'un autre côté, le Roi, depuis les échecs successifs que nous lui avons infligés à l'occasion des négociations avec l'Espagne, cherche à s'appuyer sur la Cour de Bangkok; la conversation que j'ai eue avec Sa Majesté ne laisse aucun doute à cet égard; elle a trop essayé de se défendre pour ne pas être coupable de quelque nouvelle trahison.

« Il est donc de toute nécessité que nous ayons un poste dans ces régions, et j'ai fait concéder à la France l'île de Katry, située à l'embouchure de la rivière. Ce territoire français sera administré par un de nos agents et je ne doute pas que bientôt il s'y forme un centre de quelque importance.

« Mon intention serait de créer deux autres établissements: l'un permanent à Kratié, sur le haut Mé-Kong, afin de surveiller la frontière du Laos, de réprimer la piraterie et de mettre un terme au commerce des esclaves qui se pratique toujours à l'abri de notre drapeau; l'autre temporaire, sur le Grand-Lac, pour protéger nos douze mille pêcheurs.

PART CONTRIBUTIVE DU CAMBODGE

« Pour ramener ces différentes décisions à exécution, des ressources financières assez considérables m'étaient nécessaires, et je ne pouvais songer à les demander au Conseil colonial de Cochinchine. Certes, cette assemblée ne m'aurait pas refusé les crédits, mais le Roi aurait accepté malaisément une pareille intervention dans les détails de l'administration du royaume; les discussions publiques lui auraient en outre révélé nos projets.

« Il fallait donc constituer un budget spécial, fonctionnant sous votre haute direction; j'ai obtenu ce résultat par la convention du 20 novembre 1881 que vous avez bien voulu revêtir de votre approbation. Différentes recettes : enregistrement, impôt des inscrits annamites, patentes de navigation, augmenteront progressivement les revenus, qui atteindront 100,000 piastres d'ici quelques années.

« Je suis en mesure d'assurer la solde des magistrats du tribunal de France et de procéder à son installation complète, d'acheter et d'entretenir une chaloupe à vapeur, de créer le poste de Kampot, de construire une vaste et belle maison d'école, enfin de pourvoir à tous les besoins de notre protectorat.

CONSÉQUENCES POLITIQUES

« Pour vous permettre d'apprécier la situation, j'ai l'honneur de vous adresser une copie des différentes conventions passées par nos soins depuis deux années.

« Séparément, elles ne seraient pas efficaces, mais dans leur ensemble, elles constituent une force que je crois invincible. Elles nous conduiront, si nous le désirons, à l'envahissement pacifique du Cambodge et à la substitution de l'Annamite au Kmer, qui ne peut réagir contre la décadence qui frappe sa race depuis des siècles.

« Elles nous fourniraient également de puissants moyens d'action, si le Département voulait tenter de faire participer le Cambodgien à notre civilisation et de le protéger contre les Annamites, ses ennemis séculaires, car les pouvoirs judiciaires et le droit de percevoir des taxes personnelles nous mettent à même de développer ou de restreindre l'émigration annamite.

« Dans le cas où vous adopteriez cette dernière politique, il faudrait nous hâter d'apporter des réformes, et la première de toutes serait le remplacement de Norodom; s'il demeure encore dix années sur le trône, il ne restera rien du Cambodge : tout tombe en pourriture; le gouvernement se réduit à l'administration d'un sérail, vaste lupanar où la débauche s'étale au grand jour, sans même revêtir cette réserve discrète qui donne à la polygamie musulmane une apparence de dignité; tout progrès est impossible avec le souverain, que l'opium, l'ivresse, le jeu et les femmes ont complètement démoralisé et qui démoralise ceux qui l'approchent, même les Européens.

« Avant de songer à reconstituer l'empire des Kmers, il faudrait procéder à un nettoyage complet. Quoique aventureuse, l'opération ne serait pas impossible, si elle se faisait habilement. J'ai lieu de croire, mais je n'affirme rien, que les Cambodgiens ne se révolteraient pas si on leur donnait un nouveau roi.

PERSONNEL EUROPÉEN

« J'ai constaté avec regret, pendant mon séjour à Pnom-Penh, que le plus mauvais esprit régnait dans la colonie : les Européens ne se respectent pas entre eux et en viennent fréquemment aux injures et aux coups ; nos fonctionnaires, qui devraient faire preuve de tenue et de conduite, sont les premiers à donner le mauvais exemple ; ils commettent à l'égard des Asiatiques des actes de brutalité absolument contraires à notre influence et à notre autorité.

« Le lieutenant de juge a battu à l'audience un Tagal, sujet espagnol, dont il trouvait la déposition inconvenante ; l'administrateur adjoint, faisant fonctions de président du tribunal de France, a rossé dans le prétoire un Annamite, sujet français, et lui a fait administrer le rotin dans la prison française par les juges cambodgiens. Ces abus méritent une sévère répression, et j'aurai l'honneur de vous adresser des propositions spéciales à cet égard ; mais, dès aujourd'hui, j'insiste pour qu'un tribunal régulier soit constitué à Pnom-Penh : juge-président, lieutenant de juge, procureur de la République et greffier ; les traitements seront payés par le budget du protectorat.

« D'autre part, les résidents-colons, se trouvant dans l'entière dépendance du Roi, rivalisent d'obséquiosité pour obtenir une concession ou une fourniture. C'est une situation écœurante dont nous sommes, en grande partie, responsables.

« En effet, grâce à notre faiblesse, Sa Majesté possédant la libre disposition de tous les immeubles et de tous les revenus du royaume, on ne peut se loger sans sa permission ; presque toutes les affaires se traitent directement avec elle, et Norodom éprouve un malin plaisir à se faire voler pour avoir la satisfaction de manifester son mépris.

« C'est une atmosphère de démoralisation à laquelle bien peu de commerçants européens, venus dans ce pays pour faire fortune, peuvent se soustraire ; encore s'ils parvenaient à leurs fins : mais presque toujours, après quelques mois de faveur, le Roi se dégoûte de ses favoris et n'hésite pas à les ruiner, en leur retirant ses commandes.

« Je ne me dissimule pas qu'il sera fort difficile de remédier à un pareil état de choses; je crois cependant pouvoir vous garantir que je l'améliorerai.

« J'ai l'honneur d'être, etc.....

« LE GOUVERNEUR »

CHAPITRE X

Les résultats.

OUVERTURE DE LA SESSION DU CONSEIL COLONIAL (6 novembre 1882.)

Discours du Gouverneur.

« Messieurs les Conseillers,

« La colonie est paisible, riche et prospère.

« Nos nouvelles institutions fonctionnent régulièrement : les rapports de M. le Directeur de l'Intérieur et de M. le Procureur général vous fourniront à ce sujet d'utiles renseignements.

« Notre situation financière est bonne; la régie d'opium donne des résultats satisfaisants et vous êtes assurés d'un accroissement normal des recettes. Il n'en est pas malheureusement de même pour les alcools; la perception des droits présente des difficultés que j'avais prévues et qui me faisaient désirer le maintien de la ferme pendant quelques années; je me hâte d'ajouter que, grâce au zèle de notre personnel, nous arriverons à réprimer la fraude (1).

« Les autres impôts rentrent aisément et donneront, en fin d'exercice, un excédent qui, avec les économies réalisées sur les dépenses, contre-balancera les pertes sur cet article. Vous n'aurez donc pas à faire fonctionner le régulateur de votre budget qui, vous le savez, est dressé de telle sorte qu'il ne peut se liquider en déficit; mesure de prudence nécessaire dans un pays agricole dont les revenus dépendent presque exclusivement de l'état des récoltes. Nous sommes,

(1) Pendant le congé du gouverneur, et malgré des instructions formelles, un agent trop zélé, se berçant d'illusions, avait établi la régie des alcools.

cette année, assez sûrs de nos chiffres pour vous proposer de faire emploi en 1883 des crédits du chapitre XVII, Travaux publics, qui ne seront pas dépensés à la clôture de l'exercice en cours. C'est l'ouverture d'un budget de report de un million de francs environ.

« Nous n'avons ni dette, ni emprunt; la garantie d'intérêt du chemin de fer, qui ne sera probablement effective que dans la première année d'exploitation, n'engage pas en réalité la colonie au delà de 300,000 francs.

« L'encaisse de réserve, que vous avez réduite en 1881 à 700,000 fr., est relevée à 2,300,000 francs par la liquidation de cet exercice; cette somme, jointe au reliquat de la dette annamite (3,500,000 francs), au stock d'opium en réserve (1,150,000 francs) et au solde créditeur de la Caisse de prévoyance de l'ancienne formation (270,000 francs), constitue, au cours de 5 fr. 75 la piastre, un capital de 7,200,000 francs, suffisant pour faire face à toutes les éventualités.

« Le commerce du riz est aujourd'hui actif; comme les récoltes en terre ont la plus belle apparence, il est possible que nos exportations dépassent cette année 6 millions de piculs (3,700,000 quintaux métriques), quantité la plus considérable qui ait été atteinte (1).

« Le développement de nos voies de communications, tant à l'intérieur qu'à l'extérieur, a donné une grande activité au commerce, et le moment n'est pas éloigné où l'exportation des marchandises diverses sera égale en valeur à celle des céréales; le remarquable rapport de M. le Président de la Chambre de Commerce indique d'une manière saisissante les progrès accomplis depuis deux années.

« Pendant les dix premiers mois de l'exercice, le port de Saïgon a reçu, outre 4,000 barques de mer et jonques chinoises, 386 navires au long cours, la plupart à vapeur; ce mouvement maritime est le plus important qui se soit produit jusqu'ici.

« La Cochinchine a été éprouvée par une épidémie de choléra qui a sévi principalement sur les indigènes; les décès ont dépassé 20,000 et la mortalité eût été beaucoup plus grande sans le zèle, le dévouement et le courage de nos fonctionnaires, qui se sont multipliés pour soigner les malades et rassurer par leur exemple les populations effrayées. C'est un devoir pour moi de remercier publiquement nos collaborateurs, et vous tiendrez, j'en suis persuadé, à vous

---

(1) L'exportation du riz en 1883 s'éleva à 8,648,243 piculs, soit en plus 44 p. 100.

associer à ce témoignage de satisfaction. La sollicitude fraternelle dont les Annamites ont été entourés par les Européens dans ces circonstances douloureuses a produit sur leur esprit une profonde impression qui contribuera à nous les attacher davantage; les deux races, mises en contact devant le péril, ne peuvent manquer de se comprendre.

« C'est de la bonne et de la vraie politique d'assimilation.

« J'appelle particulièrement votre attention sur les travaux des Conseils d'arrondissement, qui se sont réunis cette année pour la première fois; les procès-verbaux des séances, que j'ai fait insérer dans le *Journal officiel*, afin de vous en faciliter la lecture, vous permettront d'apprécier l'intelligence pratique et le jugement sain des membres de ces assemblées régionales. Nous ne serons plus exposés à froisser inconsciemment les indigènes par des mesures inopportunes; nous connaîtrons leurs besoins et leurs aspirations.

« La colonie, par l'emploi rationnel des prestations et des autres ressources d'arrondissement, sera dotée d'un magnifique réseau terrestre et fluvial de voies vicinales; de nouvelles terres seront livrées à l'agriculture; chaque canton aura ses écoles, et la poste pénétrera dans le moindre village.

« Messieurs les Conseillers,

« Après trois années d'une transformation laborieuse, nous entrons dans la période d'administration régulière, et ce sera désormais au Conseil qu'il appartiendra de régler la plupart des questions, puisque vous êtes maîtres du budget. Nous vous ferons connaître notre avis en toute sincérité; mais vous pouvez être certains qu'une fois votre vote acquis, nous nous attacherons, mes collaborateurs et moi, à exécuter vos décisions dans l'esprit qui les aura dictées, évitant avec soin de déplacer les responsabilités.

« Je vous recommande d'apporter une stricte économie dans la gestion des finances; votre budget est lourd et le deviendra chaque année davantage, car vous ne voudrez pas vous arrêter dans la voie de progrès et de civilisation où vous vous êtes engagés.

« Je vous prie d'étudier avec soin les propositions de crédits que nous vous présentons et de repousser celles qui ne vous paraîtraient pas suffisamment justifiées, pour porter toutes vos ressources sur des entreprises d'une utilité incontestable, et elles ne manquent pas dans une colonie où les travaux publics sont à peine commencés.

« Le passé est un sûr garant que vous serez à la hauteur de l'importante mission qui vous est confiée, et que vous saurez assurer la prospérité de la Cochinchine et contribuer ainsi à la grandeur de la France. »

Quatre jours après l'ouverture du Conseil colonial, le gouverneur, par dépêche ministérielle du 10 novembre 1882, était révoqué, sous prétexte d'excès de pouvoir, en réalité parce qu'il se montrait hostile à l'expédition du Tonkin et se refusait à l'engager sous sa propre responsabilité, estimant possible d'établir le protectorat sans sacrifier la vie de milliers d'hommes, sans dépenser des centaines de millions de francs.

Malgré ce contretemps, les institutions civiles de la Cochinchine étaient si fortement constituées, tellement liées les unes aux autres, qu'elles ont résisté aux changements incessants de direction et de doctrines, et, après vingt-cinq années d'application, il devient possible d'apprécier les résultats obtenus.

Les auteurs des décrets de 1881 se proposaient :

1° De substituer le régime d'administration civile au régime du commandement exercé pendant la période de conquête par des officiers et, après la pacification, par des fonctionnaires investis de la même autorité militaire, sans présenter les mêmes garanties de discipline ;

2° D'opérer la séparation des pouvoirs judiciaire, administratif et financier, base essentielle d'un gouvernement régulier ;

3° D'assurer la distribution d'une justice équitable ;

4° De supprimer le servage par l'abolition de la grande corvée et par la perception individuelle de l'impôt ;

5° D'associer les indigènes à notre domination ; d'améliorer leur situation matérielle et morale ;

6° De développer la richesse par une bonne réglementation de la propriété et des encouragements effectifs donnés au défrichement ;

7° De constituer l'outillage économique ;

8° D'ouvrir des écoles indigènes de quoc-ngu ;

9° D'améliorer le sort des petits fonctionnaires français ;

10° D'admettre progressivement les natifs dans les services publics ;

11° D'organiser une armée indigène.

En dépit des critiques acerbes et des résistances de personnes intéressées au rétablissement de l'ancien ordre de choses; bien que la colonie ait été exploitée avec une rigueur fiscale sans précédent et accablée d'impôts d'une perception odieuse; quoique les dispositions complémentaires prévues n'aient pas été prises : codification des lois civiles annamites, Code de procédure, tribunaux indigènes du premier degré, service des auxiliaires de la justice, etc., etc..., ce programme a été presque entièrement exécuté.

Nous nous abstiendrons d'apprécier la profonde transformation qui s'est opérée dans le caractère des Annamites de la Cochinchine. Ce serait matière à controverses, chacun jugeant les choses d'ordre moral d'après ses préjugés. Les uns regrettent le passé, les laïs, la cangue, la cadouille, la question, l'obséquiosité traditionnelle des natifs; ils croient que le prestige de l'Européen se trouve amoindri depuis que l'indigène n'est plus taillable et corvéable à merci. D'autres, au contraire, estiment préférable d'avoir affaire à des hommes ayant conscience de leurs droits et sachant les faire respecter.

Quelques-uns préconisent le travail forcé; pourquoi pas l'esclavage?

C'est l'éternelle lutte entre les partisans de la tyrannie et les défenseurs de la liberté humaine.

Peu importent, du reste, les divergences de vues entre quelques dizaines de mille Européens habitant l'Extrême-Orient, la plupart fonctionnaires. La guerre russo-japonaise a réveillé les races asiatiques de leur sommeil, de leur apathie séculaire. Toutes leurs aspirations tendent vers la civilisation individualiste et scientifique qui a fait la grandeur de l'Occident. Elles sont fatiguées de la morgue de leurs vainqueurs, de l'exploitation dont elles sont victimes, des impôts qui les accablent, de la misère et des famines qui en sont les conséquences. Rien ne les arrêtera dans leur marche vers le progrès; les puissances coloniales qui voudraient entraver cette évolution nécessaire seraient balayées par un milliard d'hommes qui ne redoutent ni la souffrance, ni la mort. Déjà les Philippines ont secoué le joug abhorré des Espagnols. Il en sera de même des Anglais, des Hollandais, des Français, des Américains, s'ils ne savent pas réformer leur administration indigène.

Au point de vue économique, personne ne saurait contester que d'immenses progrès ont été réalisés en Cochinchine. La superficie des rizières a triplé; les exportations de céréales, en vingt-cinq ans, se sont élevées de 150,000 tonnes à 1,200,000 tonnes; la population a doublé. Dans ce pays, où, à notre arrivée, les habitants ignoraient l'usage de la monnaie d'argent, les fortunes de 50,000 francs ne se comptent pas; celles de nombreux Annamites dépassent 100,000 fr.; quelques-uns sont millionnaires. La colonie est sillonnée d'excellentes routes sur lesquelles circulent les automobiles; de nombreux canaux approfondis ou ouverts facilitent la batellerie et, par l'assèchement, fournissent de nouvelles terres à la culture. Tous les points du territoire sont desservis par la poste et le télégraphe.

Jusqu'en 1898, époque où elle a perdu son autonomie financière, la colonie n'avait contracté ni dettes, ni emprunt; elle trouvait les ressources nécessaires à l'exécution des travaux publics, non dans un accroissement des impôts, — ils ont été diminués, — mais dans leur perception plus régulière et principalement dans le développement rapide de la richesse publique.

Depuis la suppression du servage, la Cochinchine a progressé avec une rapidité sans exemple dans l'histoire économique; tandis que chaque année, jusqu'en 1878, se produisait à la saison sèche une tentative de rébellion, la sécurité n'a plus été troublée.

VERSAILLES. — IMP. AUBERT 6, AVENUE DE SCEAUX

VERSAILLES — IMP. AUBERT

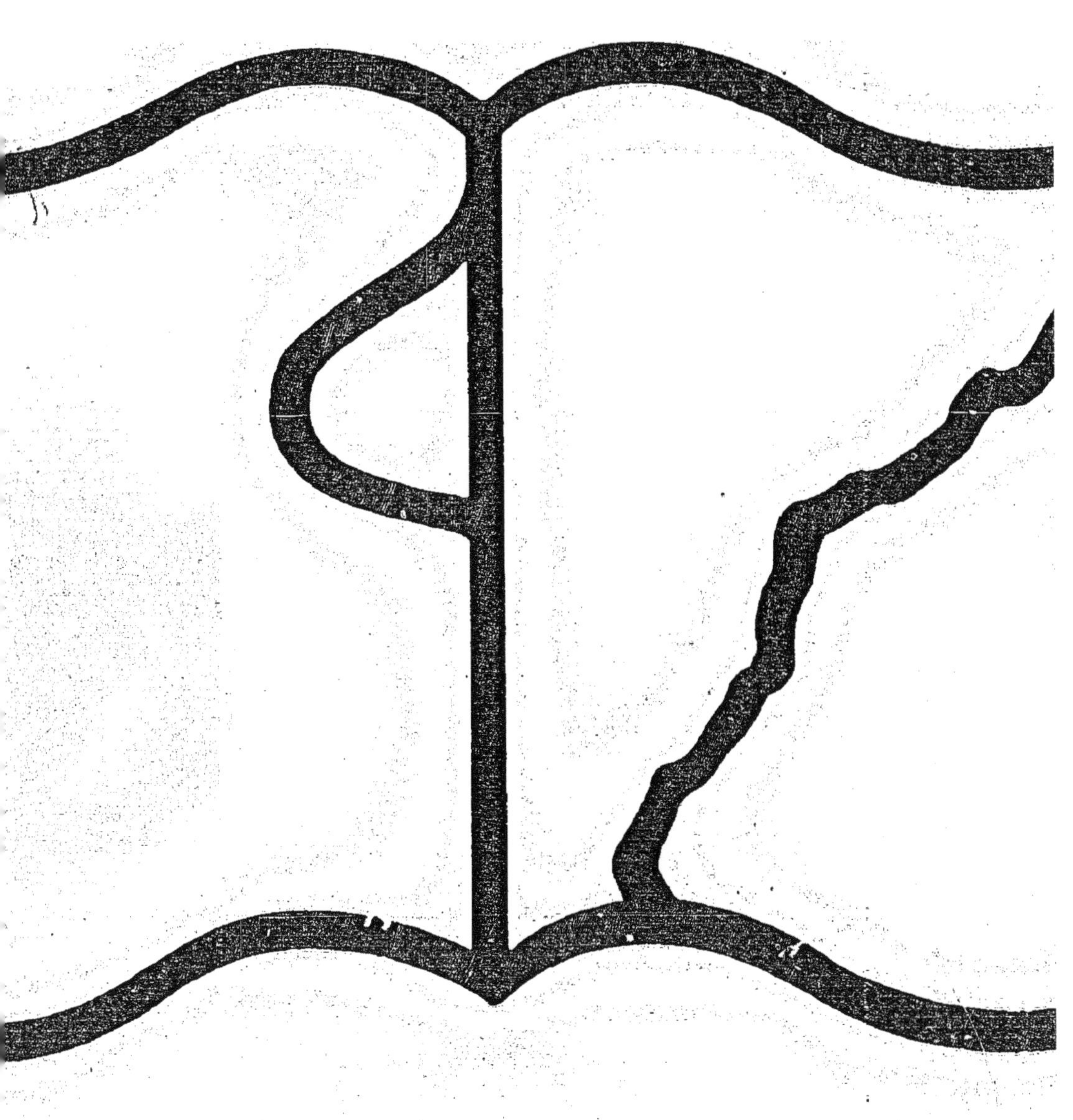

www.ingramcontent.com/pod-product-compliance
Ingram Content Group UK Ltd.
Pitfield, Milton Keynes, MK11 3LW, UK
UKHW020122200726
13856UKWH00002B/675